Pooja Agarwal

Estudo de segurança do servidor Web indiano

Pooja Agarwal

Estudo de segurança do servidor Web indiano

ScienciaScripts

Imprint

Any brand names and product names mentioned in this book are subject to trademark, brand or patent protection and are trademarks or registered trademarks of their respective holders. The use of brand names, product names, common names, trade names, product descriptions etc. even without a particular marking in this work is in no way to be construed to mean that such names may be regarded as unrestricted in respect of trademark and brand protection legislation and could thus be used by anyone.

Cover image: www.ingimage.com

This book is a translation from the original published under ISBN 978-3-659-59781-7.

Publisher:
Sciencia Scripts
is a trademark of
Dodo Books Indian Ocean Ltd. and OmniScriptum S.R.L publishing group

120 High Road, East Finchley, London, N2 9ED, United Kingdom
Str. Armeneasca 28/1, office 1, Chisinau MD-2012, Republic of Moldova, Europe
Printed at: see last page
ISBN: 978-620-8-02200-6

PREFÁCIO

O nível das aplicações Web é considerado o principal alvo dos ataques maliciosos em linha. O acesso a informações altamente sensíveis, como números de segurança social, números de cartões de crédito, nomes, endereços, datas de nascimento, propriedade intelectual, registos financeiros, segredos comerciais, dados médicos, etc., é regulado através de uma enorme quantidade de sítios Web. É imperativo proteger esses dados contra intrusos e torná-los seguros. A informação fiável e atempada sobre a forma como esses sítios Web são invadidos e como podem ser protegidos e defendidos é um requisito para as empresas. Permite minimizar o risco de perdas, danos à marca, roubo de propriedade intelectual e responsabilidade legal. Este estudo apresenta um algoritmo para gerar o relatório de segurança. O algoritmo proposto utiliza os dados experimentais de 69 sítios Web de investigação/ensino indianos diferentes e o relatório de segurança gerado ocorre após a verificação de todas as perspectivas possíveis do conjunto de dados de atributos experimentais obtidos. Este estudo apresenta também as alterações nas definições de segurança dos sítios Web indianos no espaço de 3 anos, com base no estudo de portas abertas dos resultados experimentais de 3 anos. Com base no rastreio de portos, as organizações podem tomar medidas preventivas de segurança como uma questão de política.

Estou em dívida para com todos os investigadores/organizações, especialmente para com a Microsoft, Redhat, Certin, US-Cert, CSI Computer Crime & Security Survey, NMap, inquéritos relacionados com TI/segurança cibernética e muitos outros, cujos estudos forneceram a base para o presente estudo e as medidas técnicas, matemáticas e estatísticas das pessoas de renome que foram utilizadas no trabalho aqui proposto.

Com as bênçãos do Todo-Poderoso, estendo a minha profunda gratidão e agradecimento ao meu supervisor e orientador, Dr. Brijendra Singh, cujo encorajamento, supervisão e apoio desde o nível preliminar até ao nível final me permitiram desenvolver uma compreensão do assunto. Gostaria também de agradecer ao meu pai, Shri Ashok Kumar Agarwal, cuja motivação constante me encorajou.

Por último, apresento os meus cumprimentos e as minhas bênçãos a todos aqueles que me apoiaram de alguma forma durante a realização do projeto.

Pooja Agarwal

ÍNDICE DE CONTEÚDOS:

CAPÍTULO 1

INTRODUÇÃO

O principal objetivo da segurança informática é proteger a informação e os bens contra intrusos, roubo ou acesso não autorizado, permitindo que a informação e os bens permaneçam acessíveis e produtivos para os seus utilizadores previstos. O termo "segurança dos sistemas informáticos" designa os processos e mecanismos colectivos através dos quais as informações e os serviços sensíveis e valiosos são protegidos contra a publicação, a adulteração ou o colapso por actividades não autorizadas ou indivíduos não fiáveis e eventos não planeados, respetivamente[1] . O domínio da segurança informática preocupa-se principalmente com a proteção de um recurso específico: os dados. Para proteger o funcionamento de qualquer organização, são necessários os seguintes níveis de segurança:

- ➤ Segurança física: protege os objectos físicos, por exemplo, o disco rígido
- ➤ Segurança pessoal: garante a proteção de um indivíduo ou de um grupo.
- ➤ Segurança da operação: destina-se a proteger os detalhes de um determinado projeto.

Princípios de segurança

Existem vários princípios de segurança informática que ajudam a garantir a segurança. Estes princípios e os seus conceitos são descritos no quadro 1.

Quadro 1: Princípios de segurança

Principle	Concepts
Use least privilege	By running processes using accounts with minimal privileges and access rights, you significantly reduce the capabilities of an attacker if the attacker manages to compromise security and run code.
Apply defence in depth	Use multiple gatekeepers to keep attackers at bay. Defence in depth means you do not rely on a single layer of security, or you consider that one of your layers may be bypassed or compromised.
Do not trust user input	Your application's user input is the attacker's primary weapon when targeting your application. Assume all input is malicious until proven otherwise, and apply a defence in depth strategy to input validation, taking particular precautions to make sure that input is validated whenever a trust boundary in your application is crossed.
Check at the gate	Authenticate and authorize callers early at the first gate.

---

[1] https://www.cybersecurity.cz/basic_en.html
[2] https://msdn.microsoft.com/en-us/library/ff648636.aspx

Fail securely	If an application fails, do not leave sensitive data accessible. Return friendly errors to end users that do not expose internal system details. Do not include details that may help attacker exploit vulnerabilities in your application.
Secure the weakest link	Is there vulnerability at the network layer that an attacker can exploit? What about the host? Is your application secure? Any weak link in the chain is an opportunity for breached security.
Create secure defaults	Is the default account set up with least privilege? Is the default account disabled by default and then explicitly enabled when required? Does the configuration use a password in plaintext? When an error occurs, does sensitive information leak back to the client to be used potentially against the system?
Reduce your attack surface	If you do not use it, remove it or disable it. Reduce the surface area of attack by disabling or removing unused services, protocols, and functionality. Does your server need all those services and ports? Does your application need all those features? [2]

A base da segurança

- **Autenticação**

  É o processo de identificação única dos clientes das suas aplicações e serviços. Estes podem ser utilizadores finais, outros serviços, processos ou computadores. Em linguagem de segurança, os clientes autenticados são designados por *mandantes.*

- **Autorização**

  É o processo que rege os recursos e operações a que o cliente autenticado tem permissão para aceder. Os recursos incluem ficheiros, bases de dados, tabelas, linhas, etc., juntamente com recursos ao nível do sistema, como chaves de registo e dados de configuração. As operações incluem a realização de transacções, como a compra de um produto, a transferência de dinheiro de uma conta para outra ou o aumento da classificação de crédito de um cliente.

- **Auditoria**

  A auditoria e o registo eficazes são a chave para o não-repúdio. O não-repúdio garante que um utilizador não pode negar a realização de uma operação ou o início de uma transação.

- **Confidencialidade**

---

[2] https://msdn.microsoft.com/en-us/library/ff648636.aspx

A confidencialidade, também designada por *privacidade,* é o processo de garantir que os dados permanecem privados e confidenciais e que não podem ser vistos por utilizadores não autorizados ou por espiões que monitorizam o fluxo de tráfego numa rede. A encriptação é frequentemente utilizada para garantir a confidencialidade.[3]

* **Integridade**

A integridade é a garantia de que os dados estão protegidos contra modificações acidentais ou deliberadas (maliciosas). Tal como a privacidade, a integridade é uma preocupação fundamental, nomeadamente para os dados transmitidos através das redes. A integridade dos dados em trânsito é normalmente assegurada através da utilização de técnicas de hashing e de códigos de autenticação de mensagens.[4]

* **Disponibilidade**

Do ponto de vista da segurança, a disponibilidade significa que os sistemas permanecem disponíveis para os utilizadores legítimos. O objetivo de muitos atacantes com ataques de negação de serviço é fazer crashar uma aplicação ou garantir que esta fica suficientemente sobrecarregada para que outros utilizadores não possam aceder à aplicação.

Ameaças, vulnerabilidades e ataques

Uma ameaça é qualquer ocorrência potencial, maliciosa ou não, que possa prejudicar um ativo. Por outras palavras, uma ameaça é qualquer coisa má que possa acontecer aos seus activos.

A vulnerabilidade é uma fraqueza que torna possível uma ameaça. Isto pode dever-se a uma conceção deficiente, a erros de configuração ou a técnicas de codificação inadequadas e inseguras. Uma validação de entrada fraca é um exemplo de uma vulnerabilidade da camada de aplicação, que pode resultar em ataques de entrada.

Um ataque é uma ação que explora uma vulnerabilidade ou concretiza uma ameaça. Exemplos de ataques incluem o envio de dados maliciosos para uma aplicação ou a inundação de uma rede numa tentativa de negar o serviço.[5]

Uma aplicação Web segura depende da infraestrutura de rede. Uma rede segura será capaz de garantir a segurança dos serviços. O papel da rede segura não é apenas proteger-se de ataques baseados no TCP/IP, mas também implementar contramedidas como interfaces administrativas seguras e palavras-passe fortes. A rede segura é também responsável por garantir a integridade do tráfego que está a encaminhar.[6]

---

[3] Fonte: https://msdn.microsoft.com/en-us/library/ff648636.aspx
[4] https://msdn.microsoft.com/en-us/library/ff648318.aspx
[5] Fonte: https://msdn.microsoft.com/en-us/library/ff648318.aspx
[6] https://msdn.microsoft.com/en-us/library/ff648636.aspx

1. 1 Contexto do estudo

Na Internet modem, a análise manual de cada sistema em rede para detetar falhas de segurança já não é viável. Os sistemas operativos, as aplicações e os protocolos de rede tornaram-se tão complexos na última década que é necessário um administrador de segurança dedicado para manter mesmo uma rede relativamente pequena protegida contra ataques.[7]

Cada avanço técnico traz uma onda após outra de falhas de segurança. Um novo protocolo pode resultar em dezenas de implementações reais, cada uma das quais pode conter erros de programação exploráveis. Erros de lógica, backdoors instalados pelo fornecedor e configurações padrão assolam tudo, desde sistemas operativos de modem até ao mais simples servidor de impressão. Uma das ferramentas mais poderosas disponíveis atualmente é a avaliação de vulnerabilidades, e esta secção descreve o que é, o que pode fornecer e porque é que o utilizador deve realizá-la com a maior frequência possível. Segue-se uma análise dos diferentes tipos de soluções disponíveis, as vantagens de cada uma e os passos actuais utilizados pela maioria das ferramentas durante o processo de avaliação.[8]

Quando um computador se liga a uma rede e começa a comunicar com outros computadores, está essencialmente a correr um risco. A segurança da Internet envolve a proteção da conta de Internet e dos ficheiros de um computador contra a intrusão de um utilizador desconhecido. As medidas básicas de segurança envolvem a proteção através de palavras-passe bem selecionadas, a alteração das permissões dos ficheiros e a cópia de segurança dos dados do computador. No quadro 2, classificámos a configuração do servidor Web, do servidor de aplicações ou do servidor de bases de dados do ponto de vista da segurança.

Tabela 2: Justificativa para categorias de configuração de host

Category	Description
Ports	Services running on a server listen on specific ports to serve incoming requests. Open ports on a server must be known and
	audited regularly to make sure that an insecure service is not listening and available for communication.[8] In the worst-case scenario, a listening port is detected that was not opened by an administrator.
Services	The service set is determined by the server role and the applications it hosts. By disabling unnecessary and unused services, you quickly and easily reduce the attack surface area.

---

[7] http://scitechconnect.elsevier.com/wp-content/uploads/2013/09/Vulnerability-Assessment.pdf
[8] *Ibid.*

Protocols	To reduce the attack surface area and the avenues open to attackers, disable any unnecessary or unused network protocols.
Accounts	The number of accounts accessible from a server should be restricted to the necessary set of service and user accounts. Additionally, you should enforce appropriate account policies, such as mandating strong passwords.
Files and Directories	Files and directories should be secured with restricted NTFS permissions that allow access only to the necessary Microsoft Windows service and user accounts.
Shares	All unnecessary file shares, including the default administration shares if they are not required, should be removed. Secure the remaining shares with restricted NTFS permissions.
Auditing and Logging	Auditing is a vital aid in identifying intruders or attacks in progress. Logging proves particularly useful as forensic information when determining how an intrusion or attack was performed.
Registry	Many securities related settings are maintained in the registry. Secure the registry itself by applying restricted Windows ACLs and blocking remote registry administration.[9]

Os seguintes termos utilizados na engenharia de sistemas seguros são explicados a seguir.

- Podem ser utilizadas **técnicas de autenticação** para garantir que os pontos finais da comunicação.
- **As técnicas de listas de controlo de capacidades e de acesso** podem ser utilizadas para garantir a separação de privilégios e o controlo obrigatório do acesso.
- Podem ser utilizadas **técnicas de cadeia de confiança** para tentar garantir que todo o software carregado foi certificado como autêntico pelos projectistas do sistema.
- **As técnicas criptográficas** podem ser utilizadas para defender os dados em trânsito entre sistemas, reduzindo a probabilidade de os dados trocados entre sistemas poderem ser interceptados ou modificados.
- **As firewalls** podem fornecer alguma proteção contra intrusões em linha.
- **Os micro kernels** podem ser fiáveis contra erros: por exemplo, EROS e Coyotos.
- **O software Endpoint Security** ajuda as redes a evitar o roubo de dados e a infeção por vírus através de dispositivos de armazenamento portáteis, como as

---

[9] https://msdn.microsoft.com/enus/library/ff648636.aspx

unidades USB.

- **A autorização de acesso** restringe o acesso a um computador a um grupo de utilizadores através da utilização de sistemas de autenticação. Estes sistemas podem proteger todo o computador - por exemplo, através de um ecrã de início de sessão interativo - ou serviços individuais, como um servidor FTP. Existem muitos métodos para identificar e autenticar utilizadores, tais como palavras-passe, cartões de identificação e, mais recentemente, cartões inteligentes e sistemas biométricos.
- **O software antivírus** consiste em programas informáticos que tentam identificar, impedir e eliminar vírus informáticos e outro software malicioso (malware).[10]
- **As aplicações** com falhas de segurança conhecidas não devem ser executadas. Deixe-a desligada até que possa ser corrigida ou corrigida de outra forma, ou apague-a e substitua-a por outra aplicação. As falhas conhecidas publicamente são a principal entrada utilizada pelos worms para entrar automaticamente num sistema e depois se espalharem para outros sistemas ligados a ele.
- As técnicas **criptográficas** envolvem a transformação da informação, codificando-a para que se torne ilegível durante a transmissão. O destinatário pretendido pode decifrar a mensagem, mas os bisbilhoteiros não.[11]
- **A encriptação** é utilizada para proteger a mensagem dos olhos dos outros. Isto pode ser feito de várias formas, trocando os caracteres, substituindo-os por outros e até removendo-os da mensagem. Estes métodos têm de ser utilizados em combinação para tornar a encriptação suficientemente segura, ou seja, suficientemente difícil de decifrar.
  A encriptação de chave pública é uma forma refinada e prática de fazer encriptação. Permite, por exemplo, que qualquer pessoa escreva uma mensagem para uma lista de destinatários e que apenas esses destinatários possam ler essa mensagem.
- **As firewalls** são sistemas que ajudam a proteger os computadores e as redes informáticas contra ataques e subsequentes intrusões, restringindo o tráfego de rede que pode passar através delas, com base num conjunto de regras definidas pelo administrador do sistema.
- **Honey pots** são computadores que, intencionalmente ou não, são deixados vulneráveis a ataques de crackers. Eles podem ser usados para apanhar crackers ou corrigir vulnerabilidades.
- Os sistemas **de deteção de intrusões** podem procurar numa rede pessoas que

---

[10] https://en.wikipedia.org/wiki/Computer_security
[11] *Ibid.*

estejam na rede mas que não deveriam estar lá ou que estejam a fazer coisas que não deveriam fazer, por exemplo, tentar várias palavras-passe para obter acesso à rede.

- A sensibilização para **a engenharia social** mantém os empregados conscientes dos perigos da engenharia social e/ou a existência de uma política para evitar a engenharia social pode reduzir as violações bem sucedidas da rede e dos servidores.
- **Os Monitores de Integridade** de Ficheiros são ferramentas utilizadas para detetar alterações na integridade de sistemas e ficheiros.

Para explicar a auditoria de rede, precisamos primeiro de definir o que é a vulnerabilidade. A vulnerabilidade refere-se a qualquer erro de programação ou configuração incorrecta que possa permitir a um intruso obter acesso não autorizado. Isso inclui qualquer coisa, desde uma senha fraca em um roteador até uma falha de programação não corrigida em um serviço de rede exposto.

As vulnerabilidades já não são apenas o reino dos crackers de sistemas e dos consultores de segurança; tornaram-se o fator que permite a maioria dos worms de rede, aplicações de spyware e vírus de correio eletrónico.

As avaliações de vulnerabilidades tornaram-se um componente crítico das infra-estruturas de segurança de muitas organizações; a capacidade de efetuar um instantâneo de segurança em toda a rede suporta uma série de vulnerabilidades de segurança e processos administrativos.

Quando é descoberta uma nova vulnerabilidade, o administrador da rede pode efetuar uma avaliação, descobrir quais os sistemas vulneráveis e iniciar o processo de instalação de correcções. Depois de as correcções estarem implementadas, pode ser efectuada outra avaliação para verificar se as vulnerabilidades foram efetivamente resolvidas.[12]

1.2 Declaração do problema

Nos últimos anos, temos de enfrentar mais desafios em matéria de cibersegurança, devido ao aumento do número de ataques a redes informáticas em todo o mundo, tal como relatado pela CERT *(Equipa de Resposta a Emergências Informáticas)* em diferentes países.

Os CERTs agregam frequentemente estes dados para apresentar relatórios a nível nacional sobre o estado da cibersegurança durante o período de referência e as tendências ao longo do tempo.

US-CERT Dec.3 2007, Volume 2, número 4 mostra a Figura: US-CERT - Incidentes por categoria, 2008.

---

[12]h ttp://scitechconnect.elsevier.com/wp-content/uploads/2013/09/Vulnerability-Assessment.pdf

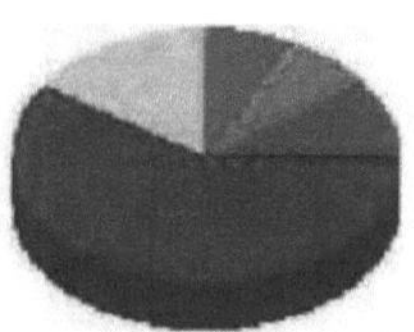

Figura 1: Incidentes e eventos por categoria

A Figura 1 mostra a distribuição global dos incidentes e eventos de cibersegurança pelas seis categorias principais.

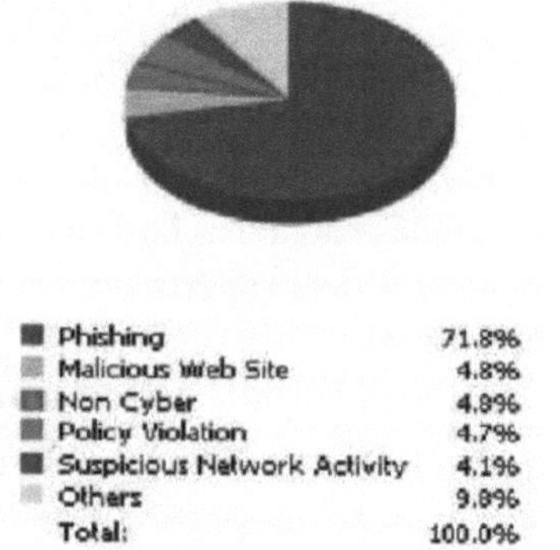

Figura 2: Cinco incidentes principais vs. todos os outros

A Figura 2 mostra a repartição dos cinco principais incidentes e eventos em relação a todos os outros, conforme comunicado ao US-CERT. Não é de surpreender que os incidentes de phishing tenham sido responsáveis por quase 60% de todos os incidentes comunicados no quarto trimestre. O US-CERT incentiva todos os utilizadores e organizações a comunicarem quaisquer actividades que considerem corresponder aos critérios de um incidente.

(Estes tipos de ataques são as designações oficiais de "Categoria de Incidente" do US-CERT, incluindo "investigação", que designa um ataque cuja natureza e origem ainda estão a ser investigadas).

O US CERT interage com agências federais, indústria, comunidade de investigação, governos estatais e locais e outros para recolher informações fundamentadas e acionáveis sobre cibersegurança e para identificar ameaças emergentes à cibersegurança.

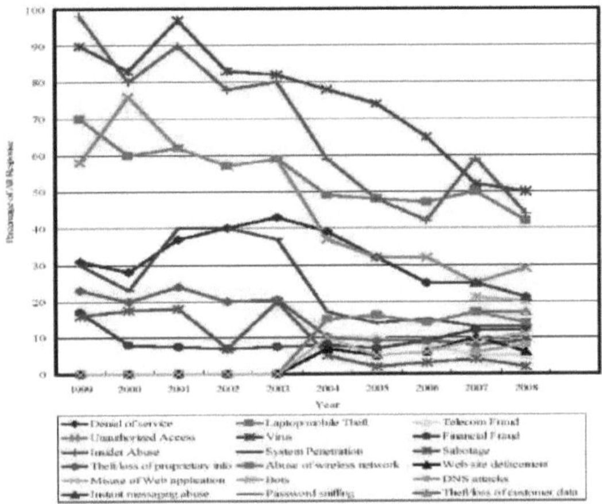

Figura 3: US-CERT - Tipos de utilização indevida detectados

Com base nas informações comunicadas, a US CERT conseguiu identificar as seguintes tendências de cibersegurança para o quarto trimestre do ano fiscal de 2007 (FY07 Q4).

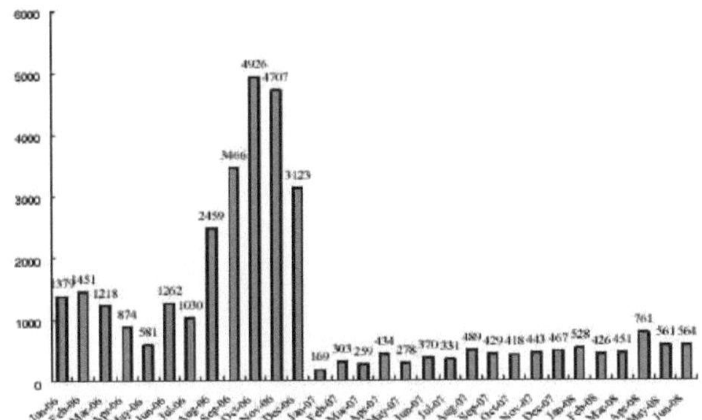

Figura 4: CN-CERT - Total de incidentes comunicados por ano 2006 -2008

Estas tendências mostram que o problema está sob controlo em 2008, em comparação com os anos anteriores, e não apenas nos EUA e na China.

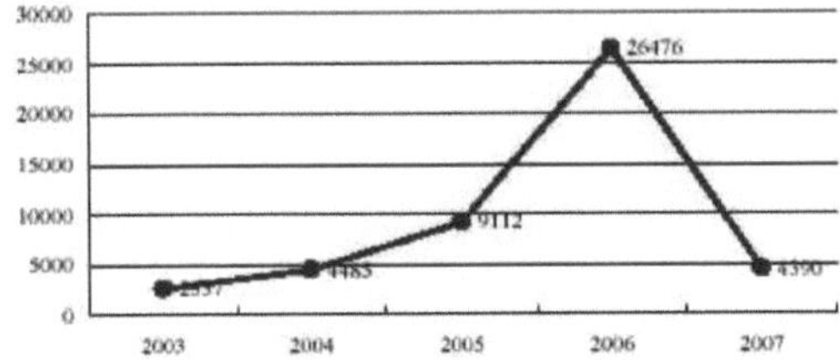

Figura 5: CN-CERT - Total de incidentes comunicados por ano 2003 -2007

Na Índia, o gráfico mostra que, no ano de 2009, o número de incidentes aumentou em comparação com os anos anteriores de 2006, 2007 e 2008, respetivamente.

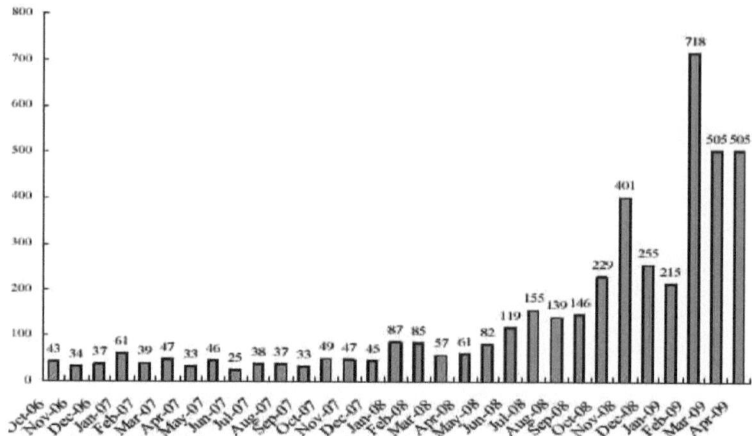
Figura 6: CERT-IN - Total de incidentes comunicados por mês, outubro de 2006 - abril de 2009

Na Índia, de acordo com o Boletim Mensal de Segurança do CERT-IN de agosto de 2007, que mostra as tendências da ciberinvasão, foram comunicados nesse mês 37 incidentes de segurança por várias agências nacionais/internacionais. Como mostra a figura 7, 62% dos incidentes de phishing foram registados nesse mês. 24% de digitalização não autorizada, 11% de incidentes relacionados com vírus/worm na categoria de código malicioso e 3% de incidentes de outras categorias foram registados nesse mês.

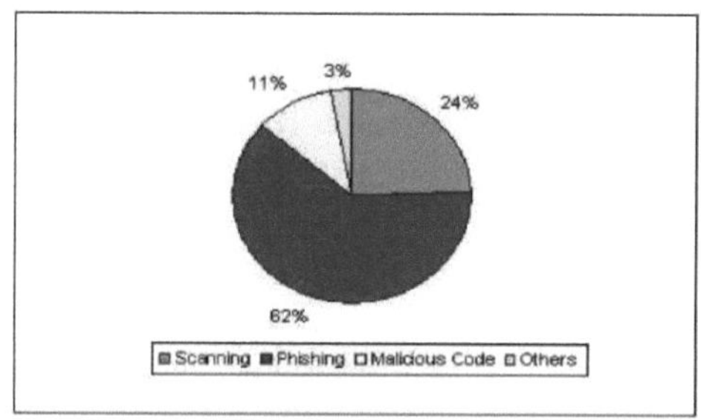

Figura 7: Intrusão cibernética durante o mês de agosto de 2007

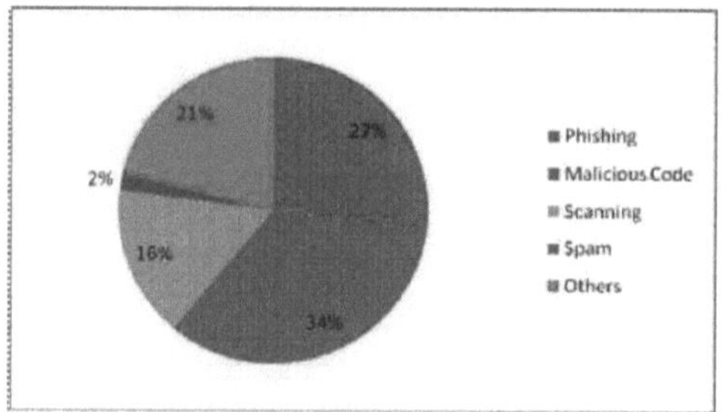

Figura 8: Intrusão cibernética em dezembro

Comparativamente, em dezembro de 2009, o CERT-In localizou **28197** computadores infectados por bots existentes na Índia. Os FSI em causa foram intimados a desinfetar os sistemas infectados por bots para mitigar as botnets.

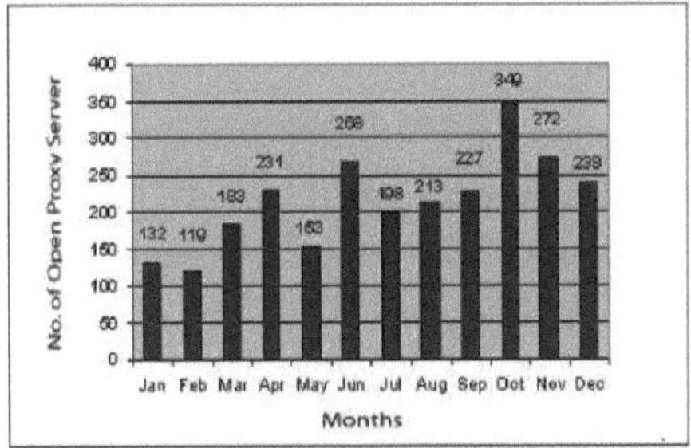

Figura 9: N.º de servidores proxy abertos em dezembro

Neste mês, foram comunicados ao CERT-In 371 incidentes de segurança provenientes de várias agências nacionais e internacionais. De acordo com o relatório, 34% dos incidentes relacionados com vírus/worm na categoria de código malicioso foram comunicados neste mês. Foram também comunicados 27% de incidentes de phishing, 16% de scanning não autorizado, 2% de incidentes relacionados com spamming e 21% de incidentes relacionados com ajuda técnica na categoria outros

Ataques à rede

Sem medidas e controlos de segurança, os nossos dados podem ser sujeitos a um ataque. Existem dois tipos de ataques, nomeadamente

a) Ataques activos significam que a informação é alterada com a intenção de corromper ou destruir os dados ou a própria rede.

b) Ataque passivo significa que a informação é monitorizada.

Escutas telefónicas

A capacidade de um espião é monitorizar a rede, o que permite a um atacante que tenha obtido acesso aos caminhos de dados na rede "escutar" ou interpretar o tráfego. Assim, se as comunicações de rede ocorrerem num formato não seguro ou de "texto claro", um atacante pode aceder facilmente à rede. Quando um atacante está a escutar as comunicações, isso é designado por "sniffing" ou "snooping", que é geralmente o maior problema de segurança que os administradores enfrentam numa empresa.

Ataques baseados em palavras-passe

O controlo de acesso baseado em palavras-passe é um dos planos de segurança mais comuns dos sistemas operativos e das redes. Isto significa que os direitos de acesso a um computador e aos recursos da rede são determinados por quem é o utilizador, ou seja, pelo nome de utilizador e pela palavra-passe.[13]

As aplicações nem sempre protegem as informações de identidade quando estas são transmitidas através da rede para validação. Isto pode permitir que um espião obtenha acesso à rede fazendo-se passar por um utilizador válido. Se um atacante encontrar uma conta de utilizador válida, o atacante tem os mesmos direitos que o utilizador real. Por conseguinte, se o utilizador tiver direitos de administrador, o atacante também pode criar contas para acesso posterior.[14]

Depois de obter acesso à sua rede com uma conta válida, um atacante pode efetuar qualquer uma das seguintes acções:

- Obter listas de nomes de utilizadores e computadores válidos e informações de rede.
- Modificar as configurações do servidor e da rede, incluindo controlos de acesso e tabelas de encaminhamento.
- Modificar, reencaminhar ou eliminar os seus dados.

Falsificação de identidade (falsificação de endereço IP)

A maioria das redes e sistemas operativos utiliza o endereço IP de um computador para identificar uma entidade válida. Em certos casos, é possível que um endereço IP seja falsamente assumido - falsificação de identidade. Um atacante pode também utilizar programas especiais para construir pacotes IP que pareçam ter origem em endereços válidos.[15] Depois de obter acesso à rede com um endereço IP válido, o atacante pode modificar, reencaminhar ou eliminar os seus dados.

Ataque de negação de serviço

O ataque de negação de serviço impede a utilização normal do computador ou da rede por utilizadores válidos. Depois de obter acesso à sua rede, o atacante pode fazer uma das seguintes acções:

- Randomizar a atenção do pessoal interno dos sistemas de informação para que não vejam a intrusão imediatamente, o que permite ao atacante efetuar mais ataques durante o desvio.
- Enviar dados inválidos para aplicações ou serviços de rede, o que provoca um encerramento ou comportamento anormal das aplicações ou serviços.
- Inundar um computador ou toda a rede com tráfego até que ocorra um encerramento devido à sobrecarga.
- Bloquear o tráfego, o que resulta na perda de acesso aos recursos da rede por parte dos utilizadores autorizados.[16]

---

[13] h ttps://technet.microsoft.com/en-us/library/cc959354.aspx
[14] *Ibid.*
[15] https://www.vskills.in/certification/tutorial/wimax-4g-2/network-attacks/
[16] https://www.ijser.org/paper/Ant-Colony-Optimization-to-Detect-Network-Risks.html

Ataque Man-in-the-Middle

Um ataque man-in-the-middle ocorre quando alguém entre si e a pessoa com quem está a comunicar está a monitorizar, capturar e controlar ativamente a sua comunicação de forma transparente. É como se alguém assumisse a nossa identidade para ler a nossa mensagem. A pessoa do outro lado pode acreditar que somos nós, porque o atacante pode estar a responder ativamente como se fôssemos nós para manter a troca de mensagens e obter mais informações.[17]

Ataque de chave comprometida

Uma chave é um código ou número secreto necessário para interpretar informações protegidas. Se um atacante obtiver uma chave, essa chave é designada por chave comprometida. Um atacante utiliza essa chave comprometida para obter acesso a uma comunicação segura sem que o remetente ou o destinatário sejam premiados com o ataque. Com a chave comprometida, o atacante pode decifrar ou modificar os dados.

Ataque de sniffer

Um sniffer é uma aplicação ou dispositivo que pode ler, monitorizar e capturar trocas de dados de rede e ler pacotes de rede.[18] Se os pacotes não estiverem encriptados, um sniffer fornece uma visão completa dos dados dentro do pacote. Utilizando um sniffer, um atacante pode fazer qualquer uma das seguintes acções:

- Analisam a sua rede e obtêm informações que eventualmente causam o colapso ou a corrupção da sua rede.
- Leia as suas comunicações.

Ataque na camada de aplicação

Um ataque ao nível da aplicação visa os servidores de aplicações, provocando deliberadamente uma falha no sistema operativo ou nas aplicações de um servidor.[19] Isto faz com que o atacante ganhe a capacidade de contornar os controlos de acesso normais. O atacante tira partido desta situação, obtendo o controlo da sua aplicação, sistema ou rede, e pode fazer o seguinte

- Ler, adicionar, apagar ou modificar os seus dados ou sistema operativo.
- Introduzir um programa de vírus que utiliza os seus computadores e aplicações de software para copiar vírus na sua rede.
- Introduzir um programa "sniffer" para analisar a sua rede e obter informações que podem eventualmente ser utilizadas para bloquear ou corromper os seus sistemas e rede.

---

[17] https://www.vskills.in/certification/tutorial/wimax-4g-2/network-attacks/
[18] http://jameelnabbo.com/network-attacks/
[19] https://technet.microsoft.com/en-us/library/cc959354.aspx

- Terminar anormalmente as suas aplicações de dados ou sistemas operativos.
- Desativar outros controlos de segurança para permitir futuros ataques.

1.3 Objectivos do estudo

Para reduzir o risco de perdas, danos à marca, roubo de propriedade intelectual, responsabilidade legal e coimas, as empresas necessitam de informações atempadas sobre a forma como os sítios Web são penetrados e como podem ser defendidos. Este estudo apresenta um algoritmo para gerar o relatório de segurança. O algoritmo proposto utiliza os dados experimentais de 69 diferentes sítios Web indianos de investigação/ensino e o relatório de segurança gerado ocorre após a verificação de todas as perspectivas possíveis do conjunto de dados de atributos experimentais obtidos.

Este estudo também apresenta as alterações nas definições de segurança dos sítios Web indianos no espaço de 3 anos, com base no estudo de 3 anos de resultados experimentais da Open Port. Com base no rastreio de portos, as organizações podem adotar medidas de segurança preventivas como uma questão de política. O objetivo deste estudo é o seguinte:

- Ajuda a prevenir ataques em qualquer rede.
- Reduzir a vulnerabilidade da organização aos atacantes.
- Identificar a má configuração da organização.
- Minimizar os danos dos ataques.

Importância do estudo

A importância deste estudo também aumenta no cenário atual devido às actuais ameaças aos servidores Web. O servidor Web apresenta os seguintes riscos potenciais de segurança:

O servidor Web foi concebido para funcionar através de uma rede. Se o dispositivo for executado através de uma rede pública, como a Internet, e a segurança do dispositivo for comprometida, pode expor o dispositivo ou a rede local à rede pública

- O servidor Web foi concebido para funcionar como um servidor de rede. Se a segurança do servidor Web for comprometida, pode expor o dispositivo na rede local a vários clientes remotos.[20]
- O servidor Web é extensível. Se as extensões não utilizarem procedimentos de segurança e autenticação adequados, podem comprometer a segurança do dispositivo ou da rede local

O nosso estudo não só fornece o estado da segurança da Web com base num estudo de 3 anos sobre alguns sítios Web indianos e o seu padrão de mudança durante este tempo, mas também fornece o algoritmo que pode gerar os relatórios de segurança

---

[20] https://msdn.microsoft.com/en-us/library/ms885809.aspx

do sítio Web solicitado e ajudar a organização a gerir a sua segurança de acordo com a sua política. Este relatório é descrito em cinco capítulos diferentes que contêm os pormenores do estudo:

O Capítulo 1 é a Introdução, na qual descrevemos o trabalho em 5 secções diferentes. A Secção 1 é o contexto do estudo. A Secção 2 é sobre a Declaração do Problema. A Secção 3 descreve as técnicas básicas de investigação. As secções 5 e 6 referem-se ao objetivo e à importância do estudo, respetivamente.

O Capítulo 2 descreve a revisão do trabalho publicado anteriormente em pormenor relativamente à nossa abordagem.

O capítulo 3 descreve a introdução da conceção na secção 1, a fonte de dados na secção 2, os instrumentos de recolha de dados na secção 3, a amostragem e os métodos de recolha de dados na secção 4.

O capítulo 4 baseia-se na análise do trabalho de estudo obtido a partir dos dados experimentais de varrimento portuário e da observação do algoritmo proposto em estudo.

O capítulo 5 é a conclusão e a recomendação. Este capítulo tem duas secções. Na primeira secção, apresentamos o resumo e as conclusões.

A segunda secção trata das recomendações feitas no âmbito deste estudo.

CAPÍTULO 2

REVISÃO DA LIERATURA

Os servidores Web são o coração dos sítios Web. O servidor Web é o sistema que guarda e transmite o sítio Web, como neste momento, para que possa ver, ler, escrever, etc.

O browser decompõe o URL em três partes:

1. Protocolo [HTTP]
2. Nome do sítio [www.Site.com]
3. Nome do ficheiro [web-server.htm]

O [nome do sítio] é traduzido em endereço IP. O browser estabelece então uma ligação ao servidor Web no endereço IP na porta 80 ou no servidor. O browser envia então um pedido GET [para o protocolo] ao servidor, pedindo o ficheiro. O servidor envia então o texto HTML da página Web para o navegador e, finalmente, lê as etiquetas HTML e cria um ecrã visual.

A segurança do servidor Web é um tópico um tanto nebuloso. Significa coisas diferentes para pessoas diferentes e, muitas vezes, as iniciativas de segurança Web centram-se apenas num único aspeto. Os pontos problemáticos atualmente visíveis são certamente importantes, mas sem uma infraestrutura que conduza a um alojamento seguro, ficamos sem uma solução completa a longo prazo.

Existem muitos servidores Web populares e ameaças de segurança comuns que acompanham essa popularidade. Centenas de servidores são pirateados todos os dias devido à insegurança e à falta de formação. Os três servidores Web mais populares são o servidor Web Apache, o servidor Web IIS e o servidor Web Sun ONE.

Quais são os ataques mais comuns? Bem, o primeiro é quando o administrador configura incorretamente o servidor Web, o segundo é o sniffing do servidor e o terceiro são os ataques DoS (Denial of Service).

Uma das maiores preocupações de segurança é o facto de o servidor Web poder expor o sistema utilizado no servidor às ameaças colocadas pela Internet. Estas podem assumir a forma de um worm, backdoor, hackers ou perda de informações importantes. Os erros de software do servidor são a fonte das principais falhas de segurança. Os servidores Web, sendo dispositivos complexos e de grandes dimensões, apresentam estes riscos. O protocolo TCP/IP não foi concebido tendo a segurança como principal prioridade. Por conseguinte, os dados podem ser comprometidos em termos de confidencialidade, autenticação e integridade quando são transmitidos através da Web.

Importância da segurança do servidor Web

Os servidores Web são uma das faces públicas mais visadas de uma organização, devido aos dados sensíveis que normalmente alojam. A segurança de um servidor Web é tão importante como a segurança do próprio sítio Web ou aplicação Web e da rede que o rodeia. Se tivermos uma aplicação Web segura e um servidor Web inseguro, ou vice-versa, corremos um enorme risco.

Embora a proteção de um servidor Web possa ser uma operação assustadora e exija conhecimentos especializados, não é uma tarefa impossível. É importante saber qual o software do servidor Web e o sistema operativo que está a ser utilizado. Por conseguinte, é necessário adotar algumas medidas necessárias para aumentar a segurança do servidor Web.[21]

Algumas das publicações importantes no domínio da informática, das redes informáticas e da segurança das redes são aqui abordadas.

Em 1922, William F. Friedman, Department of Ciphers. Publ. 22. Genebra, Illinois, EUA: Riverbank Laboratories publicou o artigo, que foi baseado na Criptografia. "The index of coincidence and its applications in cryptology", nesta publicação é apresentado o método do índice de coincidência para a quebra de código.

Em 1949, C.E. Shannon publicou o artigo "Communication Theory of Secrecy Systems" na revista Bell System Technical Journal, vol.28-4, página 656-715, que se baseava na análise da criptografia baseada na teoria da informação.

Em 1977, a NBS Federal Standard FIPS Publication publicou um documento sobre a norma de encriptação de dados (Data Encryption Standard), no qual se descreve que o DES não só é uma das cifras mais utilizadas no mundo, como também teve um impacto profundo no desenvolvimento da criptografia. Cerca de uma geração de criptógrafos dedicou grande parte do seu tempo a atacar e a melhorar a DES.

Em 1978, Ralph C. Merkle Commun publicou o artigo ACM, vol. 21, no. 4, pages. 294-299, que se baseava no documento *Secure Communications Over Insecure Channels*. Este artigo introduziu um ramo da criptografia de chave pública, conhecido como sistemas de distribuição de chaves públicas. O trabalho de Merkle é anterior a "New diretions in cryptography", embora tenha sido publicado depois dele. A troca de chaves Diffie - Hellman é uma implementação de um sistema Merkle deste género. O próprio Hellman argumentou que o nome mais correto seria troca de chaves Diffie-Hellman-Merkle.

Em 1978, R. Rivest, A. Shamir e L. Adleman publicaram o documento Communications of the ACM, Vol. 21 (2), 1978, páginas 120-126, que se baseava no método A Method for Obtaining Digital Signatures and Public Key Cryptosystems. Este documento introduziu o método de encriptação RSA.

Em 1979, Dorothy E. Denning e Peter J. Denning publicaram um artigo na ACM Computing Surveys, Vol. 11, No. 3, setembro de 1979, pp. 227-249, que se baseava na segurança dos dados. Este artigo analisa os problemas na criação de sistemas seguros. A descrição da inferência de bases de dados é particularmente assustadora; depois de

---

[21] https://www.acunetix.com/websitesecurity/webserver-security/

a ler, compreenderá por que razão é muito difícil publicar informação agregada, como dados de recenseamento, sem expor acidentalmente a informação privada dos indivíduos.

Em 1989, Rabiner, Lawrence R. "A tutorial on hidden Markov models and selected applications in speech recognition" foi publicado em Proceedings of the IEEE 77 (2): 257-286. Tratava-se de uma panorâmica dos modelos de Markov ocultos orientada para o reconhecimento da fala e outros domínios da PNL, descrevendo os algoritmos forward-backward.

Acima mostrámos algumas das publicações importantes sobre segurança informática, mas todas elas se baseiam na segurança dos dados, mas o trabalho efetivo sobre a publicação baseada na segurança da Web começa em 1991. Aqui partilhamos algumas delas de acordo com a sua relevância.

Em 2004, David Watson, Matthew Smart, G. Robert Malan e Farnam Jahanian descreveram a conceção e a implementação de depuradores de protocolo. Os depuradores de protocolo são mecanismos transparentes e interpostos para remover explicitamente os exames e ataques de rede em várias camadas de protocolo. O depurador de transporte suporta sistemas de deteção de intrusão baseados em redes passivas a jusante, convertendo fluxos de rede ambíguos em fluxos bem comportados que são inequivocamente interpretados por todos os pontos finais a jusante. O depurador de impressões digitais restringe a capacidade de um atacante de determinar o sistema operativo de um anfitrião protegido. Como exemplo, este documento apresenta a implementação de um depurador TCP que elimina os ataques de inserção e evasão que usam ambiguidades para subverter a deteção em sistemas passivos de deteção de intrusão baseados em rede, preservando ao mesmo tempo um elevado desempenho. O TCP scrubber baseia-se numa máquina de estado nova e simplificada que funciona de forma rápida e escalável. O depurador de impressões digitais é construído sobre o depurador TCP e remove ambiguidades adicionais dos fluxos que podem revelar detalhes específicos da implementação sobre o sistema operativo de um anfitrião.

Em 2005, Vipin Kumar descreveu que a extração de dados é uma destas aplicações centradas em dados que impulsiona cada vez mais o desenvolvimento da tecnologia de computação paralela e distribuída e que a extração de dados paralela e distribuída é muito promissora para a abordagem da cibersegurança. O crescimento fenomenal da capacidade de computação ao longo de grande parte das últimas cinco décadas foi motivado por aplicações científicas que exigem quantidades maciças de computação e uma das principais prioridades dos computadores paralelos e de elevado desempenho tem sido as aplicações centradas nos dados, em que a complexidade global da aplicação é determinada pela dimensão e natureza dos dados.

Em 2005, Suseela T. Sarasamma, Qiuming A. Zhu e Julie Huff apresentaram uma rede de Kohonen hierárquica multicamada, ou mapa auto-organizável de Kohonen (K-Map), para implementar um sistema de deteção de intrusões baseado em anomalias (sensor IDS). O seu objetivo era detetar o maior número possível de tipos diferentes de ataques. Uma vantagem significativa deste K-Map hierárquico multinível foi a sua eficiência computacional. Ao contrário de outros métodos estatísticos de deteção de anomalias, como a abordagem do vizinho mais próximo, o agrupamento K-means ou a análise probabilística, que utilizam o cálculo de distâncias no espaço de caraterísticas para identificar os valores atípicos. Outra vantagem é o tamanho reduzido da rede.

Em 2006, Juan Jose Garey a Adeva, Juan Manuel Pikatza Atxa, oferece duas caraterísticas distintas em relação a alguns trabalhos relacionados com a deteção de utilizações indevidas (Lee e Stolfo, 1998; Barbara et al., 2001). A primeira é a aplicação direta à camada de aplicação Web em vez de à camada de rede, como é habitual na deteção de intrusões. A segunda é que a informação de registo criada pela aplicação Web através do seu servidor de aplicações não tem de seguir qualquer estrutura particular. Este trabalho centrou-se na deteção de tentativas de obtenção de acesso não autorizado ou de utilização indevida de uma aplicação Web. Por outras palavras, enquanto algumas das entradas de registo mantêm sempre a mesma estrutura, outras não. Além disso, algumas entradas de registo podem conter informações adicionais expressas em uma ou várias línguas naturais. Esta abordagem pode ser utilizada por uma aplicação Web sem alterações na forma como gera os seus registos. Por conseguinte, a deteção de utilizações indevidas na aplicação Web é conseguida sem necessidade de qualquer programação explícita ou escrita de código, melhorando assim a facilidade de manutenção do sistema.

Em 2007, Kai Hwang e Ying Chen apresentaram os princípios de conceção e os resultados da avaliação de um novo sistema experimental híbrido de deteção de intrusões (HIDS). Este sistema combina as caraterísticas positivas de ambos os modelos de deteção de intrusões para obter uma maior precisão de deteção, menos falsos alarmes e, por conseguinte, um maior nível de ciberconfiança. O HIDS é um sistema baseado na rede, que não deve ser confundido com o IDS baseado no anfitrião com a mesma abreviatura por outros autores. Um limiar de suporte de base adaptável é aplicado a atributos de eixo selecionados na extração das regras de episódios da Internet. As regras de episódios são utilizadas para construir o HIDS, que detecta não só ataques intrusivos conhecidos, mas também sequências de ligação anómalas. Este sistema híbrido combina as vantagens da baixa taxa de falsos positivos do sistema de deteção de intrusões baseado em assinaturas (IDS) e a capacidade do sistema de deteção de anomalias (ADS) para detetar novos ataques desconhecidos. Ao extrair episódios de tráfego anómalo das ligações à Internet, constroem um ADS que detecta anomalias que ultrapassam as capacidades dos sistemas SNORT ou Bro baseados em assinaturas. É desenvolvido um esquema de geração de assinaturas ponderadas para integrar o ADS com o SNORT, extraindo assinaturas das anomalias detectadas. O HIDS extrai assinaturas da saída do ADS e adiciona-as à base de dados de assinaturas do SNORT para uma deteção de intrusões rápida e precisa.[22]

Acima, algumas das publicações importantes no domínio da segurança da Web, como vimos, baseavam-se nos protocolos aplicados na camada de aplicação, nos serviços e na análise das configurações existentes e sugeriam uma nova abordagem para os protocolos e para os serviços.

O trabalho de tese apresenta dois aspectos: um é a proposta de um algoritmo para a verificação da segurança do servidor Web e a apresentação do relatório. O segundo aspeto é que, neste estudo, trabalhámos em diferentes sítios Web e apresentámos aqui os dados comparativos relacionados, que indicam as mudanças na tendência e nos serviços de segurança. O estudo baseia-se nos sítios Web da região da Índia. O nosso trabalho baseia-se no rastreio de portas. Esta técnica está a ser trabalhada em diferentes partes do mundo. Apresentámos e comparámos alguns dos seus trabalhos publicados com a nossa abordagem.

A lógica difusa é uma nova abordagem para detetar ataques de varrimento de portas. Foi concebido um controlador de lógica difusa, que foi integrado no Snort para melhorar a funcionalidade da deteção de port scanning. As experiências são efectuadas em redes com e sem fios. Os resultados mostram que a aplicação da lógica difusa aumenta a exatidão da determinação do tráfego nocivo. Além disso, dá um nível de grau para cada tipo de ataque de varrimento de portas. O port scanning é um dos ataques perigosos que a deteção de intrusões tenta detetar. O Snort, um famoso sistema de deteção de intrusões na rede (NIDS), detecta um ataque de varrimento de portos combinando e analisando vários parâmetros de tráfego. Uma vez que estes parâmetros não podem ser facilmente combinados através de uma fórmula matemática, pode ser utilizada a lógica difusa para os combinar; a lógica difusa pode também reduzir o número de falsos alarmes. A veracidade do fluxo de dados da rede, a quantidade de dados a processar e as formas subtis e em constante mudança com que os atacantes violam os sistemas conspiram para complicar a tarefa. Os testes mostram que, quando mais de cinco atacantes efectuaram o port scanning ao mesmo tempo, a máquina da vítima sofreu uma negação de serviço. Por conseguinte, este ataque é realmente um ataque complicado e pode ser o ponto de partida para diferentes tipos de ataque. Embora esta investigação não resolva o problema de encontrar todos os ataques baseados em rede, a deteção de intrusão difusa (FB-Snort) apresenta resultados promissores como esquema de deteção de intrusão de alto nível. A utilização de um controlador lógico fuzzy personalizado melhora as capacidades do Snort para detetar ataques de varrimento de portas. Também ajuda a reduzir os falsos alarmes positivos e

---

[22] http://cdn.intechweb.org/pdfs/14361.pdf

negativos. Os resultados mostram que o sistema fuzzy pode ser melhor combinado com o Snort para o tornar mais inteligente e eficaz.[23]

O trabalho de tese também se baseia no rastreio de portas, mas a abordagem e o ambiente de trabalho são diferentes. Eles utilizaram a abordagem Fuzzy Logic para detetar os ataques de Port Scanning em redes com e sem fios em ambas as redes, mas nós utilizámos o Port Scanning com um sistema de automatização para descobrir as falhas de segurança nos serviços Web.

As técnicas de impressões digitais visuais são inteiramente passivas por natureza e praticamente indetectáveis pelos atacantes. Embora muito trabalho tenha sido feito na deteção ativa e passiva de sistemas operativos, pouco foi feito para identificar as ferramentas específicas utilizadas pelos atacantes. Esta investigação explora a aplicação de várias técnicas de visualização e a sua utilidade para a identificação de ferramentas de ataque, sem as típicas assinaturas e anomalias estatísticas dos sistemas automatizados de deteção de intrusões. As ferramentas de ataque de rede mais populares, a fim de compreender melhor as metodologias específicas utilizadas pelos atacantes, bem como as caraterísticas identificáveis das próprias ferramentas. Estas visualizações foram testadas utilizando uma vasta gama de ferramentas de segurança de rede populares e os resultados mostram que, em muitos casos, a ferramenta específica pode ser identificada e fornece a intuição de que muitas classes de ataques de dia zero podem ser rapidamente detectadas e analisadas utilizando técnicas semelhantes. Os resultados demonstraram que as ferramentas de ataque populares das classes de reconhecimento de rede e de avaliação de vulnerabilidades podem ser facilmente detectadas através de sniffing passivo em modo promíscuo e de visualizações adequadas. Embora ocorra alguma oclusão, as impressões digitais são frequentemente visíveis apesar do ruído visual do tráfego de rotina. Para além das impressões digitais visuais, a atribuição da porta de origem utilizada pelo atacante é igualmente visível. Embora não seja infalível, a atribuição de portas pode ser uma indicação do sistema operativo utilizado pelo atacante.

Outra abordagem mostra a deteção do rastreio de portas em tempo real para a espinha dorsal IP, juntando todas as peças numa implementação de um sistema em linha de deteção e rastreio de portas para redes de alta velocidade. Esta abordagem introduziu uma arquitetura flexível e opções de conceção. Especificamente, são aprofundadas duas opções de conceção: a seleção probabilística do contador e a afinação do tamanho do buffer. A escolha de um contador simples é validada através de uma análise empírica da simulação de traços. O tamanho do buffer é derivado usando técnicas de desvio de Lyapunov e aplicando o teorema de Lyapunov para resolver um modelo de fila equivalente. Não se concentra nos resultados da medição

---

[23] http://www.aloul.net/Papers/faloul_iwcmc08.pdf

do rastreio dos scanners, mas resume brevemente as principais conclusões. É interessante notar que o comportamento dos scanners segue uma curva 90-10, tanto para a duração do tempo ativo como para a taxa de varrimento. Ou seja, 90% dos scanners estão activos por um curto período de tempo, com baixas taxas de varrimento, enquanto 10% são scanners de longa duração e rápidos, com alguns superscanners que duram toda a duração da monitorização.

O trabalho de tese também se baseia no rastreio de portos, mas a abordagem e o ambiente de trabalho são diferentes. Eles utilizaram a abordagem das impressões digitais visuais para detetar as metodologias do atacante e nós utilizámos a técnica avançada de Port scanning para descobrir as falhas de segurança nos serviços Web.

CAPÍTULO 3

METODOLOGIA DE SEGURANÇA DO SERVIDOR WEB

O rastreio de portos tem desempenhado um papel importante no estudo do servidor Web, porque o nosso trabalho de 3 anos em diferentes sítios Web se baseia no rastreio de portos e nos pormenores relacionados com os serviços executados no servidor Web. Por isso, antes de começar a explicar os pormenores, é importante saber o que é o rastreio de portos e como funciona.

Scanners de portas

Os scanners de portas são provavelmente as ferramentas de scanning mais utilizadas na Internet. Estas ferramentas analisam grandes espaços de IP e apresentam relatórios sobre os sistemas que encontram, as portas disponíveis e outras informações, como os tipos de SO. O scanner de portas mais popular é o Network Mapper Nmap. O scanner de portas Nmap é descrito da seguinte forma no sítio Web do Nmap:

O Nmap ("Network Mapper") é um utilitário de código aberto para exploração de redes ou auditoria de segurança. Foi concebido para analisar rapidamente grandes redes, embora funcione bem contra hosts individuais.[24] O Nmap usa pacotes IP brutos de formas inovadoras para determinar que hosts estão disponíveis na rede, que serviços (portas) estão a oferecer, que sistema operativo (e versão do SO) estão a correr, que tipo de filtros de pacotes/firewalls estão a ser utilizados, e dezenas de outras caraterísticas. O Nmap funciona na maioria dos tipos de computadores, e estão disponíveis versões gráficas e de consola. O Nmap é um software livre, disponível com o código fonte completo sob os termos da GNU GPL. 3

O Nmap é uma excelente ferramenta de segurança porque permite determinar quais serviços estão sendo oferecidos por um sistema. Como o Nmap é otimizado para escanear grandes intervalos de IP, ele pode ser executado contra todos os endereços IP usados por uma organização, ou todos os endereços IP de modem a cabo fornecidos por uma organização.

Uma vez acedido o sistema, um intruso instala normalmente um sniffer de rede no sistema para obter informações adicionais sobre ID de utilizador e palavra-passe, para recolher informações sobre a forma como a rede é construída e para saber para que é utilizada.[1]

Controlo de portos

Os atacantes analisam regularmente uma rede alvo para encontrar servidores locais que possam ser comprometidos. Alguns worms de rede também analisam uma série de endereços IP para localizar servidores vulneráveis a infetar. Embora o rastreio de portas em si possa não ser prejudicial, a identificação de uma fonte de rastreio pode

---

[24] http://falkensecurenetworks.com/securityThreats4.html

facilitar várias possibilidades de defesa, tais como parar o tráfego potencialmente malicioso, redireccioná-lo para outros sistemas de monitorização ou localizar os atacantes.

O Port Scanning é uma das técnicas de reconhecimento mais populares que os atacantes utilizam para descobrir serviços que podem invadir. Todas as máquinas ligadas a uma rede local (LAN) ou à Internet executam muitos serviços que escutam em portas conhecidas e não tão conhecidas. Um rastreio de portas ajuda o atacante a descobrir que portas estão disponíveis (ou seja, que serviço pode estar a ser listado numa porta). Essencialmente, uma varredura de portas consiste em enviar uma mensagem para cada porta, uma de cada vez. O tipo de resposta recebida indica se a porta é utilizada e, por conseguinte, não pode ser sondada para detetar pontos fracos.[25]

Técnicas avançadas de Port Scanning

Um problema, do ponto de vista do atacante que tenta fazer scan a uma porta, é que os serviços que escutam nestas portas registam os scans. Eles vêem uma conexão de entrada, mas nenhum dado, então um erro é registrado. Existem várias técnicas de varrimento furtivo para evitar isto. Um exame furtivo é um tipo de exame concebido para não ser detectado por ferramentas de auditoria. Obviamente, esta é uma corrida entre o hacker e os fornecedores de firewall - o que agora é considerado um scan furtivo pode deixar de o ser dentro de alguns meses, quando o fornecedor da firewall tomar conhecimento dessas técnicas.

Os scanners de portas analisam um hospedeiro rapidamente, disparando pacotes em diferentes portas. Assim, o scanning muito lento (demorando um dia ou mais) torna-se uma técnica furtiva. Outra técnica de varrimento furtivo é o "mapeamento inverso", em que se tenta descobrir todos os anfitriões de uma rede gerando mensagens ICMP "host unreachable" para os IPs que não existem. Uma vez que estas mensagens podem ser geradas por qualquer pacote TCP/IP, é possível enviar pacotes sem sentido (por exemplo, pacotes RST enviados sem qualquer pacote anterior).

Pacote fragmentado Port Scan

O scanner divide o cabeçalho TCP em vários fragmentos de IP. Isso contorna alguns firewalls de filtro de pacotes porque eles não conseguem ver um cabeçalho TCP completo que possa corresponder às suas regras de filtragem. Alguns filtros de pacotes e firewalls colocam em fila todos os fragmentos IP, mas muitas redes não podem arcar com a perda de desempenho causada pela fila.

Pesquisa SYN

Esta técnica é também designada por half-open scanning, porque uma ligação

---

[25] http://itsecurity.telelink.com/scanning-and-probing/

TCP não é completada. É enviado um pacote SYN (como se fossemos abrir uma ligação) e o anfitrião alvo responde com um SYN+ACK, o que indica que a porta está a ouvir, e um RST indica que não está a ouvir. O processo do servidor nunca é informado pela camada TCP porque a ligação não foi concluída.

Existem dois tipos de rastreio de portas. O primeiro é o *varrimento vertical*, em que um scanner de portas sonda um conjunto de portas na mesma máquina para descobrir que serviços estão a ser executados na máquina. O segundo é o *rastreio horizontal*, em que um rastreio de portas sonda vários endereços locais para a mesma porta com a intenção de traçar o perfil dos anfitriões activos.

Ligação TCPO funcionamento do scan

A verificação TCP connect() para uma porta fechada é exatamente igual à verificação TCP SYN:

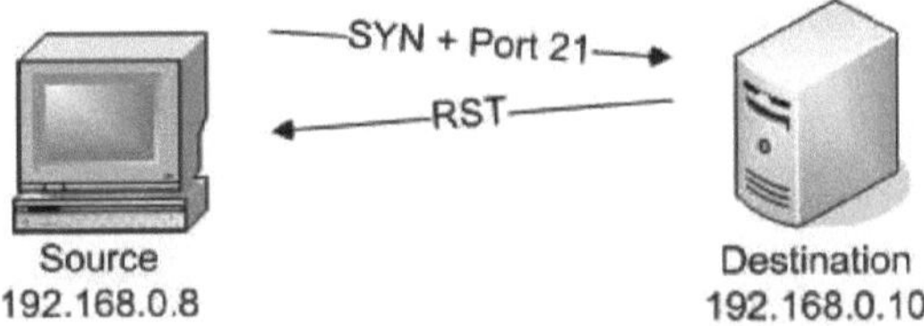

Figura 10: Análise de TCP coimect()

Um scan a uma porta aberta resulta num padrão de tráfego diferente do scan TCP SYN:

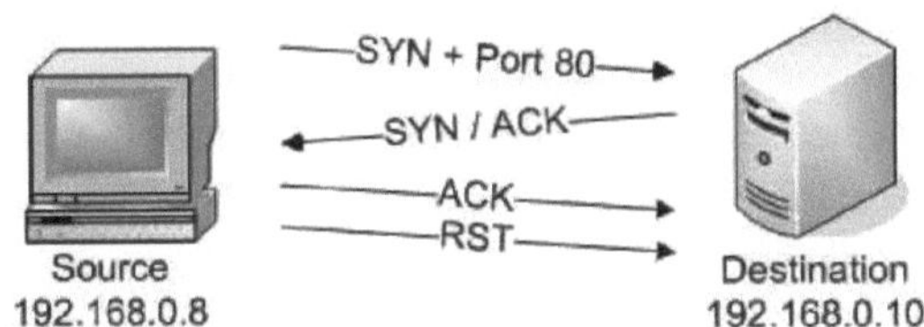

Figura 11: Verificação TCP SYN

Verificação FIN

O scanner envia um pacote FIN, que deve fechar uma ligação que esteja aberta. As portas fechadas respondem a um pacote FIN com um RST. As portas abertas, por outro lado, ignoram o pacote em questão. Este é o comportamento TCP exigido.[26]

Os quadros "furtivos" da varredura FIN são incomuns porque são enviados a um dispositivo sem passar primeiro pelo handshaking TCP normal. Se uma sessão TCP não estiver ativa, a sessão não pode ser formalmente encerrada!

Neste exame FIN, a porta TCP 443 está fechada, pelo que a estação remota envia uma resposta de quadro RST ao pacote FIN:

---

[26] http://itsecurity.telelink.com/scanning-and-probmg/

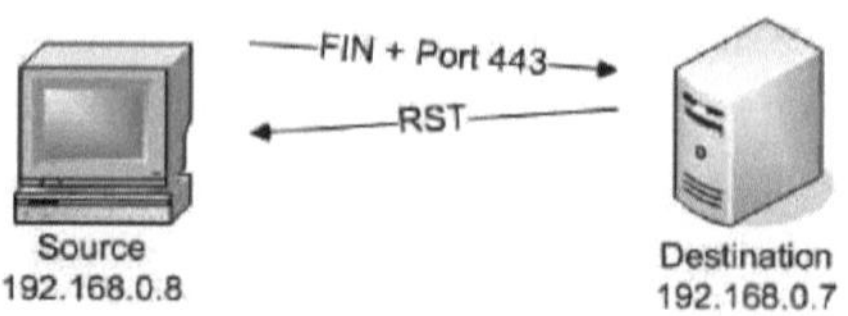

Figura 12 TCP FIN scan com resposta

Source   Destination   Summary

[192.168.0.8] [192.168.0.7] TCP: D=443 S=62178 FIN SEQ=3532094343
LEN=0 WIN=2048
[192.168.0.7] [192.168.0.8] TCP: D=62178 S=443 RST ACK=3532094343
WIN=0

Se uma porta estiver aberta num dispositivo remoto, não é recebida qualquer resposta ao scan FIN:

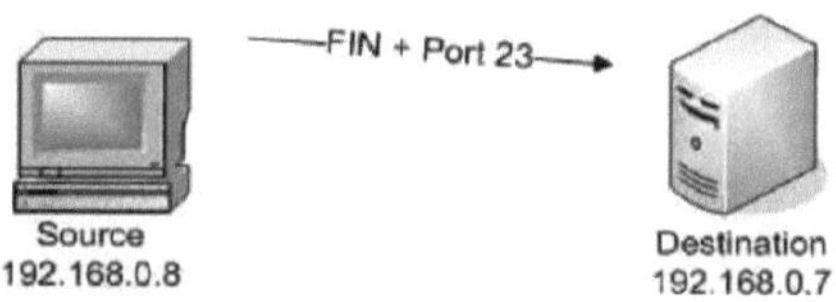

Figura 13: Exame TCP FIN sem resposta

Source   Destination   Summary

[192.168.0.8] [192.168.0.7] TCP: D=23 S=62178 FIN SEQ=3532094343
LEN=0 WIN=2048

Se nenhum serviço estiver à escuta na porta de destino, o sistema operativo gera uma mensagem de erro. Se um serviço estiver à escuta, o sistema operativo rejeitará silenciosamente o pacote de entrada. Portanto, o silêncio indica a presença de um serviço na porta.[27] No entanto, como os pacotes podem ser descartados acidentalmente no fio ou bloqueados por firewalls, essa não é uma verificação muito eficaz.[28]

Outras técnicas que têm sido utilizadas consistem em análises XMAS, em que todos os sinalizadores no pacote TCP são definidos, ou análises NULL, em que nenhum dos bits é definido. No entanto, diferentes sistemas operativos respondem de forma diferente a estes exames, pelo que se torna importante identificar o sistema operativo e mesmo a sua versão e nível de correção.

Verificação de ressalto

O rastreio de saltos FTP tira partido de uma vulnerabilidade do próprio protocolo FTP. Requer suporte para ligações proxy ftp. Este salto através de um servidor FTP oculta a origem do atacante. Esta técnica é semelhante ao IP spoofing, na medida em que oculta a origem do atacante.

----

[27] http://itsecurity.telelink.com/scanning-and-probing/
[28] https://www.auditmypc.com/port-scanning.asp

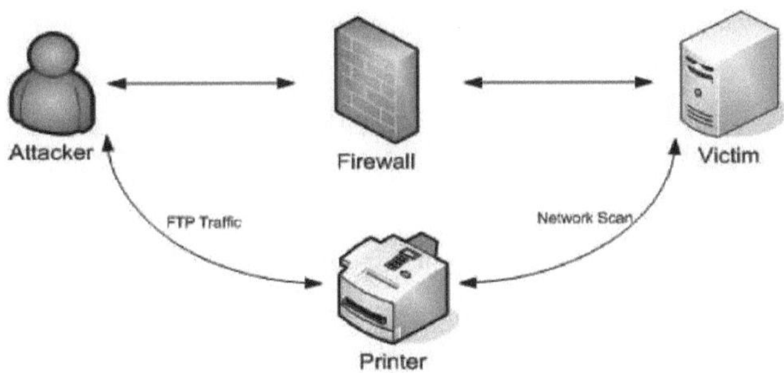

Figura 14: Verificação de rejeição de FTP

Um scanner de portas pode explorar isso para examinar portas TCP de um servidor proxy ftp. Assim, pode ligar-se a um servidor FTP por detrás de uma firewall e, em seguida, analisar as portas que têm maior probabilidade de estar bloqueadas (por exemplo, a porta 139). Se o servidor FTP permitir a leitura e a escrita num diretório (como /incoming), é possível enviar dados arbitrários para portas que se encontrem abertas.

As vantagens desta abordagem são óbvias (mais difícil de rastrear, potencial para contornar firewalls). As principais desvantagens são a lentidão e o facto de muitas implementações de servidores FTP terem finalmente desativado a "funcionalidade" proxy.[29]

Dedo

A maioria dos servidores finger permite que os comandos sejam encaminhados através deles. O Finger suporta consultas recursivas. Esta técnica pode ser utilizada para ocultar a fonte original do pedido.

Correio eletrónico: Os autores de spam tentam retransmitir o seu spam através de servidores SMTP. Como resultado, as sondas para SMTP são normalmente vistas por máquinas na Internet.

O SOCKS permite que quase todos os protocolos sejam ligados em túnel através da máquina intermédia. Como resultado, a sondagem de SOCKS por parte dos atacantes é um exame comum visto na Internet.

Proxy HTTP: A maioria dos servidores Web suporta proxy para que todo o tráfego Web possa ser direcionado para um único servidor para filtragem e armazenamento em cache para melhorar o desempenho. Muitos destes servidores estão mal configurados para permitir o proxy de qualquer pedido da Internet, permitindo que os atacantes transmitam ataques contra sítios Web através de terceiros. As sondas para proxies HTTP são um dos exames mais comuns atualmente.[30]

---

[29] https://www.auditmypc.com/port-scanning.asp
[30] *Ibid.*

IRC BNC: Os atacantes adoram esconder as suas identidades IRC fazendo saltar as suas ligações através de outras máquinas. Um programa específico chamado "BNC" é usado para este fim em máquinas comprometidas.

Verificação UDP

O rastreio de portas significa normalmente o rastreio de portas TCP, que são orientadas para a ligação e, por conseguinte, dão um bom feedback ao atacante. O UDP responde de uma forma diferente. Para encontrar portas UDP, o atacante geralmente envia datagramas UDP vazios. Se a porta estiver à escuta, o serviço deve enviar uma mensagem de erro ou ignorar o datagrama recebido. Se a porta estiver fechada, a maioria dos sistemas operativos envia uma mensagem "ICMP Port Unreachable". Assim, é possível descobrir se uma porta NÃO está aberta e, por exclusão, determinar quais portas estão abertas. Nem os pacotes UDP, nem os erros ICMP têm garantia de chegar, por isso os scanners UDP deste tipo também têm de implementar a retransmissão de pacotes que parecem estar perdidos (ou obterá um monte de falsos positivos).[31]

Uma estação que responde com uma porta ICMP inalcançável está claramente a anunciar uma porta fechada:

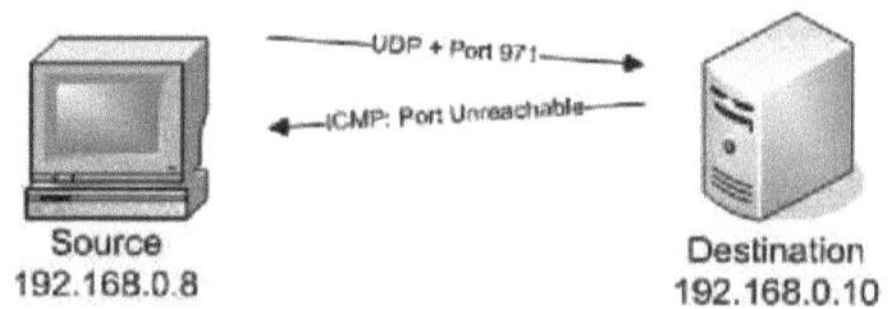

Figura 15: Verificação UDP

Source   Destination   Summary

[192.168.0.8] [192.168.0.10] UDP: D=971 S=43347 LEN=8
[192.168.0.10] [192.168.0.8] ICMP: Destination unreachable (Port unreachable)

Uma estação que não responde ao scan UDP é considerada como aberta|filtrada:

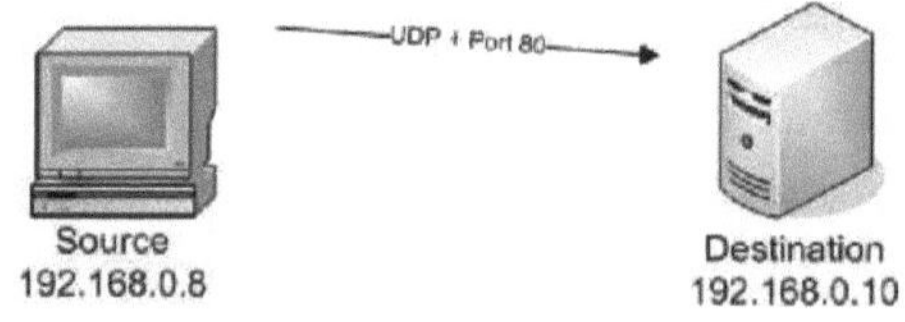

Figura 16: Pesquisa UDP sem resposta

Source   Destination   Summary

[192.168.0.8] [192.168.0.10] UDP: D=80 S=43347 LEN=8

Uma estação que responde com dados UDP é indicativa de uma porta aberta.

---

[31] https://nmap.org/nmap_doc.html

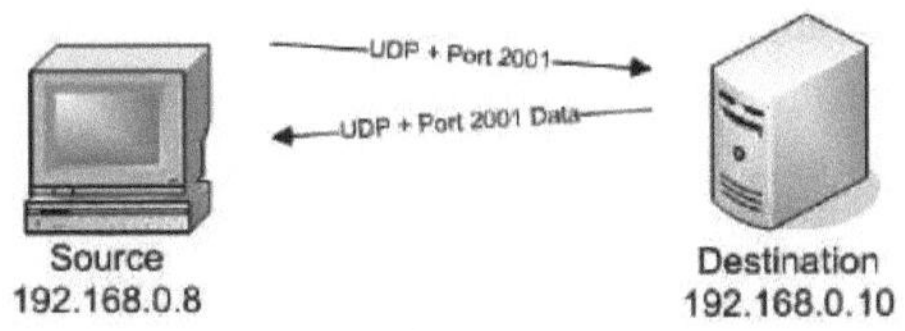

Figura 17: Pesquisa UDP com resposta

```
Source          Destination   Summary
---------------------------------------------------------------------------
[192.168.0.8]  [192.168.0.10] UDP: D=2001 S=43347 LEN=8
[192.168.0.10] [192.168.0.8]  UDP: D=43347 S=2001 LEN=40
```

Além disso, essa técnica de varredura é lenta por causa da compensação para máquinas que implementam as sugestões da RFC 1812 e limitam a taxa de mensagens de erro ICMP. Por exemplo, um kernel pode limitar a geração de mensagens de destino inalcançável a 80 por 4 segundos, com uma penalidade de 1/4 de segundo se isso for excedido.

Algumas pessoas pensam que a análise UDP é inútil - não é bem assim. Às vezes, por exemplo, o Rpcbind pode ser encontrado escondido em uma porta UDP não documentada em algum lugar acima de 32770. Portanto, não importa que a porta 111 esteja bloqueada pela firewall. Mas é possível descobrir em qual das mais de 30.000 portas altas ele está escutando? Com um scanner UDP é possível.[32]

Pesquisa ICMP

Isso não é realmente uma varredura de porta, já que o ICMP não tem uma abstração de porta. Mas, às vezes, é útil determinar quais hosts em uma rede estão ativos fazendo ping em todos eles. A varredura ICMP pode ser feita em paralelo, portanto pode ser bastante rápida.

Impressão digital de um SO

O último método de digitalização é designado por Fingerprinting. A impressão digital é a técnica de interpretar as respostas de um sistema para descobrir o que ele é. Combinações invulgares de dados são enviadas para o sistema de modo a desencadear estas respostas. Os sistemas respondem da mesma forma com dados corretos, mas raramente respondem da mesma forma com dados errados.[33]

3.1 Fonte de dados

Todas as máquinas ligadas a uma rede local (LAN) ou à Internet executam muitos serviços que escutam em portas conhecidas e não tão conhecidas, protocolos e serviços relacionados. Um rastreio de portas ajuda o atacante a encontrar as portas disponíveis para os seus ataques. Essencialmente, um port scan consiste em enviar uma

---

[32] https://nmap.org/nmap_doc.html
[33] http://itsecurity.telelink.com/scanning-and-probing/

mensagem para cada porta, uma de cada vez.[34] A nossa fonte de dados são os sítios Web a partir dos quais recolhemos dados pormenorizados sobre os serviços disponíveis e, em seguida, com a ajuda do algoritmo proposto, geramos o relatório de segurança desse servidor Web.

Esta técnica consiste em enviar uma mensagem para um porto, protocolos e serviços relacionados que aguardam uma resposta. O relatório de resposta recebido indica o estado da segurança.

O seguinte é um exemplo do tipo de saída que se pode esperar de um scan de rede: por exemplo O anfitrião 192.168.5.1 está a responder

Portas abertas

- 135/tcp abrir msrpc
- 139/tcp open netbios-ssn
- 445/tcp open microsoft-ds
- 3389/tcp open ms-term-serv
- 8081/tcp aberto blackice-icecap
- O sistema operativo é o Windows XP SP2

Os endereços IP são controlados por registadores mundiais e são únicos a nível global. Os números de porta não são tão controlados, mas ao longo das décadas certas portas tornaram-se padrão para determinados serviços.[35] Os números de porta são únicos apenas dentro de um sistema informático. Os números de porta são números sem sinal de 16 bits. Os números de porta estão divididos em três intervalos:

- Portos bem conhecidos (0 - 1023)
- Portos registados (1024 -49151)
- Portas dinâmicas e/ou privadas (49152 - 65535)

Portos conhecidos

As portas numeradas de 0 a 1023 são consideradas bem conhecidas (também chamadas de portas padrão) e são atribuídas a serviços pela IANA (Internet Assigned Numbers Authority). Aqui estão alguns exemplos:

-echo   - 7/tcp - Eco

-ftp-data - 20/udp - Transferência de ficheiros [Dados por defeito]

-ftp   - 21/tcp - Transferência de ficheiros [Controlo]

- ssh - 22/tcp - Protocolo de início de sessão remoto SSH

-telnet   - 23/tcp - Telnet

-domain - 53/udp - Servidor de nomes de domínio

-www-http   - 80/tcp - World Wide Web HTTP

Portas não padrão

---

[34] *Ibid.*
[35] *Ibid.*

Por porta não-padrão, entendemos simplesmente uma porta cujo número é superior a 1023. Também neste intervalo, vários serviços são "standard". Por exemplo:

- wins - 1512/tcp # Serviço de Nomes da Internet do Microsoft Windows
- radius 1812/udp # Protocolo de autenticação RADIUS

Alguns programas maliciosos, como os cavalos de Troia e os vírus, espalharam-se de tal forma que há uma série de portas que, se forem encontradas abertas, normalmente indicam que um sistema pode ter um vírus.

Neste relatório, apresentamos os dados de três anos. O nosso trabalho centra-se nos sítios Web dos institutos nacionais indianos/organizações de investigação, que escolhemos aleatoriamente na Internet. Nesta experiência, selecionámos cerca de 30 sítios Web indianos no primeiro ano, 68 sítios Web indianos no segundo ano e 69 sítios Web no terceiro ano.

Quadro 3: Ficha de dados de 30 sítios Web (Ano I)

Year I		
Datasheet of 30 Websites		
Sl. No.	**Port Name/Type**	**Status**
1	Host not Discovered	5
2	Filter reserved	4
3	Open	147
3	Filtered	31

A tabela acima mostra a distribuição de portas de 30 sítios Web diferentes, nos quais foram encontradas portas diferentes abertas, o que pode ser perigoso num futuro próximo para o ponto de vista dos atacantes, uma vez que algumas portas são uma boa opção para um ataque informático se forem encontradas abertas. Aqui apresentamos os pormenores dos portos abertos, mas não mostramos o nome dos sítios Web devido ao ponto de vista da segurança.

Tabela 4: Portas abertas e filtrantes (Ano I)

Year I			
Datasheet of 30 Websites			
Port Name	**Port No.**	**Open**	**Filter**
ECHO	7	1	0
DISCARD	9	1	0
DAYTIME	13	1	0
QOTD	17	1	0
CHARGEN	19	1	0
ftp-data	20	1	0
ftp	21	14	0
ssh	22	6	1
Telnet	23	2	0
smtp	25	10	0
WINS	42	1	0

domain	53	9	0
http	80	20	0
http	81	1	0
pop3	110	8	0
rpcbind	111	4	0
auth	113	0	0
msrpc	135	1	1
netbios-ssn	139	1	0
imap	143	8	0
Snmp	161	0	0
NNSP	433	2	0
https	443	13	0
MS- DS	445	1	1
Open	465	3	0
shell	514	2	0
submission	587	2	0
ssl	993	1	0
ssl	995	1	0
Net Venue Chat	1023	1	7
MSRPC	1025	1	0
MSRPC	1026	2	0
MSRPC	1031	1	0
herms	1248	0	0
MS-SQL-S	1433	1	0
MS-SQL-M	1434	1	0
REMOTING	1455	1	0
Lan Source	1485	1	7
H.323/Q.931	1720	1	6
rcp	2049	1	1
Codasrv-se	2433	2	0
Mysql	3306	6	0
tcpwrapped	3389	3	0
Vat	3456	1	7
POSTGRESQL	5432	1	0
http	8443	3	0
AJP13	8009	1	0
http-proxy	8080	1	0
http	8081	1	0
http	10000	1	0
	TOTAL	147	31

Na tabela acima, as portas ftp, smtp, http, https e domain encontram-se abertas em vários sítios Web, em comparação com outras portas. Nalguns casos, os portos pop3, imap e mysql também se encontram abertos. Isto mostra que estes sítios não são geridos corretamente e podem causar problemas de ameaça num futuro próximo.

No ano II, em que experimentámos mais de 68 sítios Web, a imagem não é muito diferente da anterior, para além de terem sido encontrados mais sítios geridos que não estavam na experiência do ano anterior.

Quadro 5: Situação dos portos no Ano II

Year II		
Datasheet of 68 Websites		
S.No.	**Port Name/Type**	**Status**
1	Host not Discovered	18
2	Filter reserved	11
3	Open	183
3	Filtered	49

Tabela 6: Portas abertas e filtrantes (Ano II)

Year II			
Datasheet of 68 Websites			
Port Name	**Port No.**	**Open**	**Filter**
ECHO	7	1	0
DISCARD	9	1	0
DAYTIME	13	1	0
QOTD	17	1	0
CHARGEN	19	1	0
ftp-data	20	0	0
ftp	21	16	0
ssh	22	9	1
Telnet	23	2	0
smtp	25	12	0
WINS	42	1	0
domain	53	10	0
http	80	25	0
http	81	2	0
pop3	110	10	0
rpcbind	111	5	0
auth	113	1	0
msrpc	135	1	3
netbios-ssn	139	2	2
imap	143	9	0
NNSP	433	3	0
https	443	16	0
MS- DS	445	2	4
Open	465	3	0
shell	514	2	0
submission	587	2	0
TCPWRAPPED	873	1	0
ssl	993	2	0
ssl	995	2	0

Net Venue Chat	1023	1	10
MSRPC	1025	1	0
MSRPC	1026	2	0
MSRPC	1031	1	0
MS-SQL-S	1433	1	0
MS-SQL-M	1434	1	0
REMOTING	1455	1	0
Lan Source	1485	1	10
H.323/Q.931	1720	1	9
rcp	2049	1	1
Codasrv-se	2433	2	0
Mysql	3306	8	0
tcpwrapped	3389	4	0
Vat	3456	1	8
KRB524	4444	0	1
POSTGRESQL	5432	2	0
http	8443	3	0
AJP13	8009	3	0
http-proxy	8080	3	0
http	8081	1	0
http	10000	2	0
	TOTAL	183	49

Tabela 7: Portas abertas e filtrantes (Ano I - III)

Year III
Datasheet of 69 Websites

Port Name	Port No	Year I		Year II		Year III		
		Open	Filter	Open	Filter	Open	Filter	close
ftp-data	20	1	0	0	0	0	0	7
ftp	21	14	0	16	0	33	0	0
ssh	22	6	1	9	1	14	1	2
Telnet	23	2	0	2	0	4	1	2
smtp	25	10	0	12	0	25	1	3
domain	53	9	0	10	0	20	1	7
http	80	20	0	25	0	50	1	0
http	81	1	0	2	0	2	0	0
pop3	110	8	0	10	0	20	0	4
rpcbind	111	4	0	5	0	2	1	1
auth	113	0	0	1	0	1	0	4
msrpc	135	1	1	1	3	5	3	1
netbios-ssn	139	1	0	2	2	5	2	1
imap	143	8	0	9	0	14	0	7
https/NNSP	443	15	0	19	0	34	1	5
MS- DS	445	1	1	2	4	6	4	1
Open	465	3	0	3	0	9	0	0

| | | 137 | 17 | 172 | 30 | 351 | 38 | 63 |

shell	514	2	0	2	0	2	0	0
submission	587	2	0	2	0	3	0	3
ssl	993	1	0	2	0	9	0	0
ssl	995	1	0	2	0	11	1	0
Net Venue Chat	1023	1	7	1	10	0	18	0
MSRPC	1025	1	0	1	0	6	0	1
MSRPC	1026	2	0	2	0	5	0	0
MSRPC	1031	1	0	1	0	1	0	0
MS-SQL-S	1433	1	0	1	0	5	0	2
MS-SQL-M	1434	1	0	1	0	0	1	0
REMOTING	1455	1	0	1	0	1	0	0
H.323/Q.931	1720	1	6	1	9	0	0	1
rcp	2049	1	1	1	1	1	0	0
Mysql	3306	6	0	8	0	17	2	2
tcpwrapped	3389	3	0	4	0	13	0	1
POSTGRESQL	5432	1	0	2	0	3	0	1
AJP13	8009	1	0	3	0	6	0	1
http-proxy	8080	1	0	3	0	12	0	2
http	8081	1	0	1	0	2	0	0
http	8443	3	0	3	0	7	0	4
http	10000	1	0	2	0	3	0	0
TOTAL		137	17	172	30	351	38	63

Na experiência, não nos concentrámos apenas no estado do porto, mas também recolhemos os dados com base noutros serviços diferentes, ou seja

> *Recolha de impressões digitais*
> *Agarrar a faixa*
> *Rota de rastreio*
> *Invólucros TCP*
> *Identificar serviços e dispositivos vulneráveis.*
> *registo rDNS*
> *Identificar o registo SO A \A | NS | MX*

Com base na experiência de rastreio de portas, foi preparada uma base de dados de diferentes sítios Web para vários atributos, conforme especificado acima. Utilizamos o algoritmo proposto, que pode interpretar o nível de segurança do servidor Web. Para garantir a segurança do servidor Web, é necessário o endereço dos sítios Web para os quais se pretende gerar o relatório de segurança.

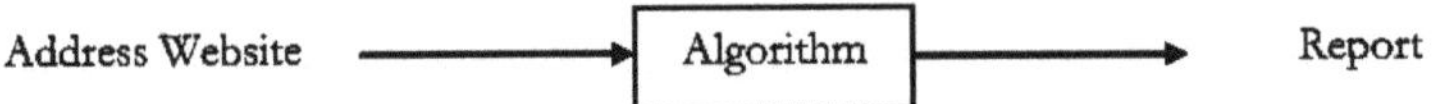

Figura 18: diagrama de blocos do funcionamento do algoritmo

A figura 18 mostra o diagrama de blocos do algoritmo, no qual, para obter o relatório de segurança do algoritmo, o utilizador só precisa de fornecer o endereço do sítio Web e o resto do trabalho é feito pelo próprio algoritmo.

A lógica do algoritmo mostra como funciona nas diferentes perspectivas de um determinado sítio Web para gerar o seu relatório de segurança.

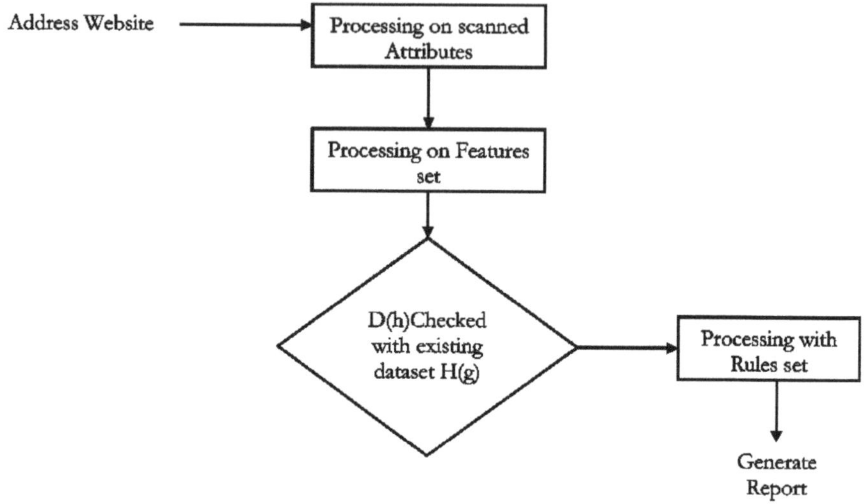

Figura 19: Lógica do algoritmo proposto

Neste algoritmo, trabalhámos as várias caraterísticas ou atributos (de acordo com o seu valor digitalizado), depois descobrimos a combinação correta de atributos e verificámo-la com o conjunto de dados da base de dados existente, aplicando-lhes depois o conjunto de regras. Por fim, produz o relatório. Na figura 19, mostrámos a lógica do algoritmo sob a forma de fluxograma.

3.2 Instrumentos de recolha de dados

Neste caso, estamos a representar os dados de três anos. O nosso trabalho centra-se nos sítios Web dos institutos nacionais indianos/organizações de investigação, que foram escolhidos aleatoriamente. Para atingir o nosso objetivo, escolhemos cerca de 30 sítios Web no primeiro ano, 68 sítios Web no segundo ano e 69 sítios Web no terceiro ano. Nesta experiência, não nos concentrámos apenas nos detalhes do porto e nos protocolos relacionados, mas também obtivemos o conjunto de dados que contém os detalhes de diferentes outros serviços e informações. Em comparação com o primeiro ano, encontrámos menos portos abertos, apesar de termos recolhido mais do dobro dos dados.

Nesta experiência, estão envolvidas três redes diferentes: a rede de origem, a rede de destino e a rede intermédia. Apenas nos preocupamos com a configuração e as definições da rede de origem. No processo, utilizámos a fonte com a especificação de hardware/software como

Hardware

1. processador core 2 duo
2. Um GB de RAM
3. 280 HDD
4. NIC de 100 Mbps

Software

1. Sistema operativo MS window XP SP2
2. Ligação à Internet (24x7)
3. O NMAP é um utilitário de código aberto para explorar a rede e auditar as ferramentas de segurança. Analisa grandes redes (mesmo as que consistem em centenas de milhares de máquinas, afirma um dos utilizadores) muito rapidamente, embora funcione bem contra hosts únicos. O NMAP é gratuito.
4. Antivírus com definições predefinidas
5. Sem Firewall.

2 .3 Algoritmo de segurança do servidor Web

A camada de aplicação Web é o alvo número um dos ataques maliciosos em linha. Milhões de sítios Web regulam o acesso a informações altamente sensíveis, incluindo números de segurança social, números de cartões de crédito, nomes, endereços, datas de nascimento, propriedade intelectual, registos financeiros, segredos comerciais, dados médicos e muito mais. Estes dados devem ser rigorosamente protegidos contra intrusos. Para reduzir o risco de perdas, danos à marca, roubo de propriedade intelectual, responsabilidade legal e coimas, as empresas necessitam de informações atempadas sobre a forma como os sítios Web são penetrados e como podem ser defendidos.[36] Este projeto apresenta um algoritmo para gerar o relatório de segurança. O algoritmo proposto utiliza os dados experimentais de 69 diferentes sítios Web indianos de investigação/ensino e o relatório de segurança gerado ocorre após a verificação de todas as perspectivas possíveis do conjunto de dados de atributos experimentais obtidos. Este projeto também apresenta as alterações nas definições de segurança dos sítios Web indianos no espaço de 3 anos, com base no estudo de portas abertas de resultados experimentais de 3 anos. Com base no rastreio de portos, as organizações podem tomar medidas preventivas de segurança como uma questão de política.

Esta secção descreve a forma como recolhemos e processamos os dados experimentais para as diferentes fontes. Cada análise fornece os valores dos atributos ou caraterísticas que mostram o reflexo das suas definições de S/H e os detalhes dos

---

[36] https://pdfs.semanticscholar.org/0cd1/50b942378b5905ca2f07ef0b3e899500f659.pdf

serviços em execução. Por vezes, os valores de cada caraterística complementam-se uns aos outros, mas outras vezes contradizem-se. Por isso, é muito importante otimizar o resultado, interpretando a combinação correta das caraterísticas.

Notações:

Rtime	:	Response Time
proto	:	Protocol
srcIP	:	Source IP
Oport	:	Open Port
Fport	:	Filter Port
Cport	:	Close Port
srcPort	:	Source Port
destIP	:	Destination IP
destPort	:	Destination Port
OS	:	Operating System
Device	:	Device
Latency	:	Latency
rDNs	:	Reverse DNS
MX	:	Mail Exchange Record
rebot	:	Reboot Record
NS	:	Authoritative name server
A	:	Domain-name-to-address mapping
SOA	:	Information about the name server
PTR	:	Domain name Pointer record
CNAME	:	Canonical name for an alias
MB	:	Mailbox domain name
MG	:	Mail group member
MR	:	Mail rename domain name
WKS	:	Well known service description
HINFO	:	Host information
MINFO	:	Mailbox or mail list information
TXT	:	Text strings
h	:	Set of Attributes obtained from scanning
g	:	Set of Attributes obtained existing database.
D(h)	:	Dataset which is combination of attributes(h).
H(g)	:	Dataset which is combination of attributes(g)
Fe_Rset	:	Feature rules set
NR	:	No Response

O presente trabalho centra-se nos sítios Web dos institutos nacionais indianos/organizações de investigação, que foram escolhidos aleatoriamente. No primeiro ano, trabalhámos em 30 sítios Web diferentes, no segundo, em 68 sítios Web indianos diferentes e, no terceiro ano, em 69 sítios Web. Aplicámos o algoritmo proposto aos dados recolhidos experimentalmente e, consequentemente, o relatório de segurança é gerado pelo algoritmo.

Na abordagem proposta, o relatório gerado é classificado em quatro categorias diferentes (com base nos valores métricos).

    a. Grupo I {NR}(Seguro/acolhimento)

      (Aqui o valor da métrica é NR, o que mostra que o anfitrião está em baixo ou suficientemente seguro, por exemplo, a amostra 2 no Anexo I)

    b. Grupo II {0 -5} (Normal)

      (Aqui o valor da métrica situa-se entre 0-5, o que mostra que o anfitrião está a ter definições normais).

    c. Grupo III {6-10} (Interessante)

      (Aqui, o valor da métrica entre 6-10 mostra que a definição do anfitrião não é correta).

    d. Grupo IV {11-acima} (Alerta)

      (Aqui, o valor da métrica entre 6-10 mostra que a definição do anfitrião requer atenção).

Neste caso, aplicámos técnicas básicas de exploração de portas com a ajuda da ferramenta NMAP versão 5.21. Nesta experiência, utilizámos um PC com as seguintes especificações de hardware e software, como mencionado na secção anterior. Para obter informações adicionais à parte dos portos abertos durante a experiência de rastreio avançado do rastreio de portos, tal como mencionado na secção anterior.

Regras de classificação

Para separar o tráfego de rastreio de portas de outro tráfego, procurámos sondas de dois ou mais pares {endereço IP, número de porta} de uma dada fonte. Ao utilizar esta heurística, detectamos a maioria de todos os rastreios, uma vez que a maioria dos rastreios de portos define o tempo entre os pacotes.

Modelamos cada atributo relatado h = *{Rtime; proto, srcIP, Oport, Fport, Cport srcPort, destIP, destPort, OS, Device, Letency, rDNs, MX, rebot.......}*, em que o atributo *time* reflecte o tempo de ocorrência do resultado, o atributo *proto* identifica o protocolo de rede para o tráfego. Os atributos *srcIP, srcPort, destIP* e *destPort* descrevem o endereço IP de origem, a porta de origem, o endereço IP de destino e a porta de destino do tráfego.

Em cada varrimento como um conjunto de dados D(h) =*{(proto, Oport), (proto, Oport, rDNS), (proto, Oport, rebot), (proto, Oport, OS), (proto, Oport, OS), (proto, Oport,rDNs,OS)......}*.

H(g) é um conjunto de dados de todos os atributos g registados em todos os exames diferentes.

Um conjunto de dados de caraterísticas FeRset contém todas as combinações possíveis de diferentes regras de conjuntos de caraterísticas, ou seja, Fe Rset = *{R(proto, Oport),R(proto, Oport, rDNS), R(proto, Oport, rebot), R(proto, Oport, OS), R(proto, Oport, OS,), R(proto, Oport,rDNs,OS).......}*.

1. h é o conjunto de todos os atributos obtidos a partir da exploração.

2. Para todos os atributos resultantes h em D(h) que tenham Did = id, contar os tempos de ocorrência.

3. Para filtrar, remover algumas combinações irrelevantes e definir c. (c é um conjunto que contém os pormenores das restantes combinações).

4. Verificar o conjunto de dados comunicado D(h) com o conjunto de dados existente H(g).

5. Se o procedimento de estimativa acima não produzir um resultado, é repetido para as combinações de atributos (proto, srcIP, destPort), (proto, destIP, destPort) e (proto, destPort), até que um dos procedimentos forneça um resultado ou o último procedimento termine.

6. Durante a análise, concentramo-nos nos atributos relacionados com o protocolo e o destino e excluímos completamente o atributo srcPort, uma vez que os atributos de origem estão normalmente associados a atacantes e podem ter uma vasta gama de valores possíveis (especialmente srcPort).

No Apêndice, mostramos os dados de digitalização experimental a partir dos quais obtivemos o conjunto de atributos (h) e, após o processamento, gerámos o conjunto de dados D(h).

ALGORITMO

Entrada: A - um endereço do servidor Web (por exemplo: 192.168.1.1)
Saída: Gerar relatório.

```
1.  function func()
2.  {
3.  Randomize (h)
4.  Discretization D(h)
5.  for each D(h) in H(g)
6.  {
7.  if (D(h) matches H(g)) then
8.  {
9.  Sid := id
10. V=C_dataset(h, D)
11. Select_feset(D, Fe_Rset[])
12. if { V∈ V , Fe_Rset(h) } then generate Report
13. if (does not exist) then return 0
14. }
15. }
16. }
```

Descrição da função

Funções utilizadas pelo classificador:

➢ A função attribute(h) devolve o conjunto de dados D(h) de nomes de atributos para o conjunto de pontos finais frequentes h, por exemplo, se h contiver tuplos (proto, destPort), getattr(h) devolve {proto, destPort};

➢ A função C_dataset(h, D) extrai os valores dos atributos AttrSet do alarme A e cria uma tupla a partir deles, de modo a procurar um conjunto de pontos finais frequentes, por exemplo, C_dataset((10, TCP, 192.168.1.1, 1234, rDNS,10.1.1.1, 53), {proto, destPort}) devolve (TCP, 53).

➢ Select_feset(D, Fe Rset(h)) decide qual a regra do conjunto de caraterísticas que vai para verificação.

CAPÍTULO 4

ANÁLISE DE SEGURANÇA DO SERVIDOR WEB

Aplicámos o algoritmo proposto em 69 sítios Web de diferentes instituições de investigação/ensino indianas durante a experiência. Apresentamos aqui o conjunto de dados de apenas uma perspetiva para mostrar o funcionamento do algoritmo, mas o relatório foi elaborado depois de verificar todas as perspectivas possíveis. A Tabela 8 mostra a apresentação do conjunto de dados processados e organiza-os em quatro grupos diferentes (com base nas portas abertas), detalhes **das portas** (em (%)), **rDNS** em percentagem, média **de latência** correspondente para os quatro grupos classificados com **desvio padrão, erro padrão e intervalo de confiança de 95%.** Também registámos o **tempo de resposta** e os detalhes **do serviço** com os respectivos valores. O conteúdo dos dados do rastreio de portas, que é utilizado para a segurança do servidor Web, encontra-se em CD e anexado a este trabalho de tese.

Tabela 8: Caraterísticas dos dados resultantes do rastreio experimental de portas

		Group 1	Group 2	Group 3	Group 4
Port Details (%)					
	Open	NR[*]	275	745.4545455	1300
	Close	NR[*]	141.6666667	154.5454545	113.3333333
	Filter	NR[*]	12.5	63.63636364	86.66666667
rDNS (%)		0	66.66666667	90.90909091	86.66666667
Latency					
	Standard Mean	NR[*]	0.20727088	0.22067964	0.32584447
	Standard deviation	NR[*]	0.13301372	0.13318249	0.1005954
	Standard Error	NR[*]	0.02715131	0.04015603	0.02597362
	95% confidence interval	NR[*]	0.15405431 - 0.260487445	0.14197382 - 0.299385456	0.27493617 - 0.376752761
Response time					
	Standard Mean	NR[*]	593.428972	423.329682	711.414667
Services details (%)		NR[*]	8.33	27.27	40

* NR - Sem resposta

Latência: é a quantidade de tempo que uma mensagem demora a atravessar um sistema. Tempo de resposta: é o método que envolve a medição e o cálculo da quantidade de tempo que os nós estão activos a processar e a enviar frames, bem como a quantidade de tempo que os frames passam a atravessar a rede.

DNS inverso (rDNS): é um método de resolução de um endereço IP para um nome de domínio, tal como o sistema de nomes de domínio resolve nomes de domínio para endereços IP associados.

Detalhes do serviço: Serviços de correio eletrónico, servidor FTP, servidor de nomes, serviços de aplicação, etc.

Aqui podemos ver que a percentagem máxima (%) de portos abertos se encontra no Grupo 4 (1300%), e a mínima no Grupo 2 (275%), o Grupo 3 tem 745,45% e o

Grupo 1 é NR. Sabemos que aumenta a possibilidade de ameaças no Grupo 4, pelo que se justifica a classificação.

No caso do rDNS, os resultados não correspondem totalmente ao padrão do anterior, mas a margem é comparativamente baixa. Neste caso, os dados tabulares mostram um mínimo no Grupo 2 (66,7%) e um máximo no Grupo 3 (90,9%). O Grupo 4 tem 86,7%. Por isso, há alguma contradição nos valores máximos de acordo com a sua classificação.

No caso da Latência, novamente os resultados coincidem com o padrão de portas abertas. Neste caso, os dados tabulares mostram o valor médio mínimo no Grupo 2 (0,21) e o máximo no Grupo 4 (0,33). O Grupo 3 tem uma média padrão de 0,22. Assim, também se justifica a sua classificação.

O tempo de resposta mostra o resultado que também segue o padrão do rDNS, no qual os dados tabulares mostram que a média padrão mínima está no Grupo 3 (423,33) e a máxima no Grupo 4 (711,41). O Grupo 2 tem 593,43 valores de média padrão. Isto mostra alguma contradição nos valores mínimos de acordo com a classificação.

No caso dos detalhes do serviço, mais uma vez os resultados estão a corresponder à classificação. Neste caso, os dados tabulares mostram um valor percentual mínimo no Grupo 2 (8,33%) e máximo no Grupo 4 (40%). O Grupo 3 tem 27,27%.

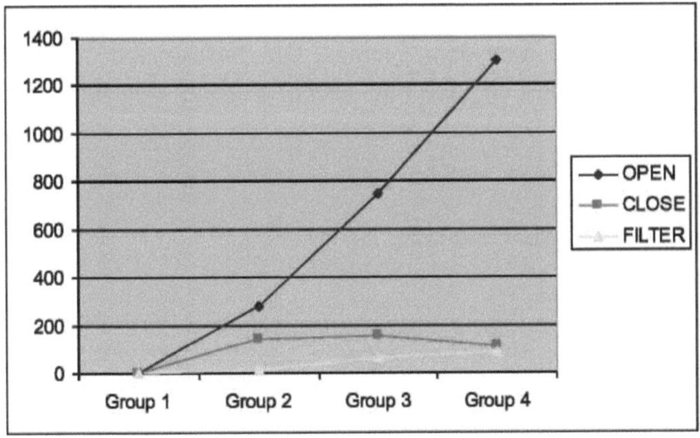

Figura 20: Dados dos resultados experimentais (Porto)

Refere-se a importância da combinação correta de atributos e conjuntos de caraterísticas, porque a classificação do conjunto de caraterísticas decide qual o conjunto de regras que lhes vai ser imposto de acordo com o nosso algoritmo. Aqui, o limiar dos classificadores também é reconstruído de acordo com as caraterísticas escolhidas e, consequentemente, o conjunto de regras que lhes é imposto.

A representação gráfica dos dados apresentados na tabela encontra-se nas figuras [19-22], respetivamente. Estes gráficos mostram os dados de DNS, Portos, Serviços em percentagem e média do tempo de resposta e latência, seguidos do desvio padrão.

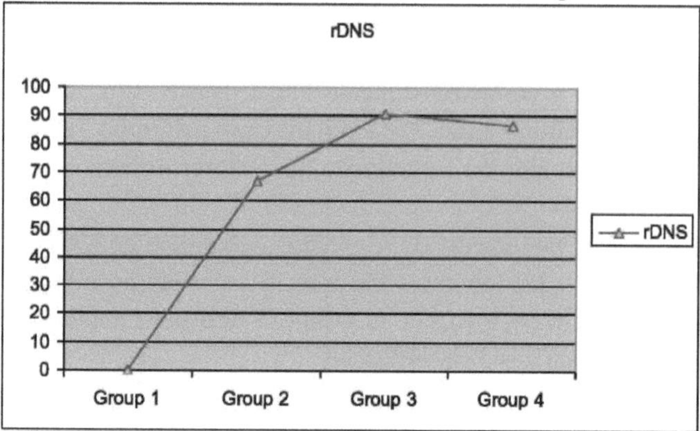

Figura 21: Dados dos resultados experimentais (rDNS)

Na figura 21, os gráficos mostram os dados do rDNS. O valor experimental de % mostra que o ponto mais alto do rDNS existe no Grupo 3 e o mais baixo no Grupo 1, mas o Grupo 1 apresenta o NR. Isto significa que encontrámos o máximo de detalhes no Grupo 3 e o mínimo no Grupo 2. No processo de religação do DNS, um intruso pode conseguir contornar as firewalls para aceder a intranets empresariais, documentos sensíveis e comprometer máquinas internas. Um intruso pode também conseguir desviar o endereço IP dos clientes para enviar correio eletrónico não solicitado, executar fraudes e incriminar clientes por delitos.

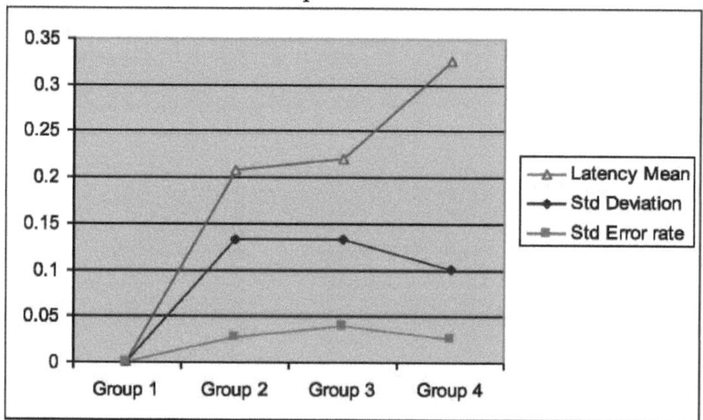

Figura 22: Dados dos resultados experimentais (Latência)

Na figura 22, o pico mais elevado de latência encontra-se no Grupo 4 e sabemos que as redes de alta latência podem resistir a atacantes fortes que podem observar toda a rede e controlar uma grande parte da infraestrutura de rede. Para evitar esta situação dos remetentes para os destinatários, correlacionando o tempo das mensagens recebidas e enviadas do sistema, as redes de alta latência introduzem grandes atrasos, pelo que só são adequadas para aplicações como o correio eletrónico e a entrega de dados em massa.

Por outro lado, as redes de baixa latência são relativamente rápidas para a navegação na Web, a shell segura e outras aplicações interactivas, mas também têm um modelo de ameaça fraco.

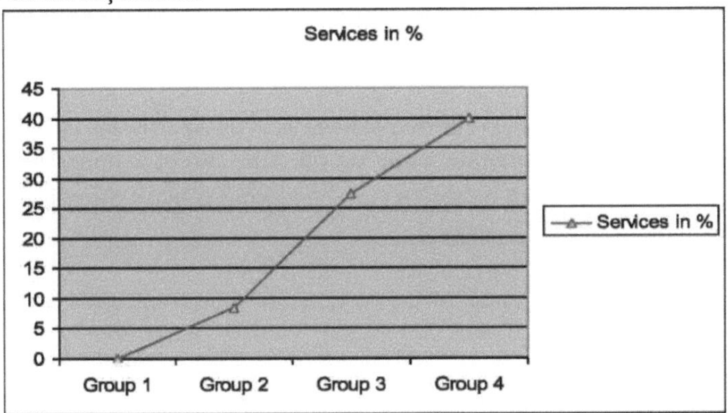

Figura 23: Dados dos resultados experimentais

Nos dados experimentais apresentados na figura 23, encontrámos o maior número de detalhes de serviço no Grupo 4, e mais detalhes significam maior probabilidade de ameaças.

Comparação entre a experiência do Ano I e do Ano II

Neste caso, escolhemos os sítios Web dos institutos nacionais de ensino/investigação, porque temos em conta que estes estão mais conscientes da gestão dos seus dados Web e dispõem de melhores infra-estruturas do que os outros.

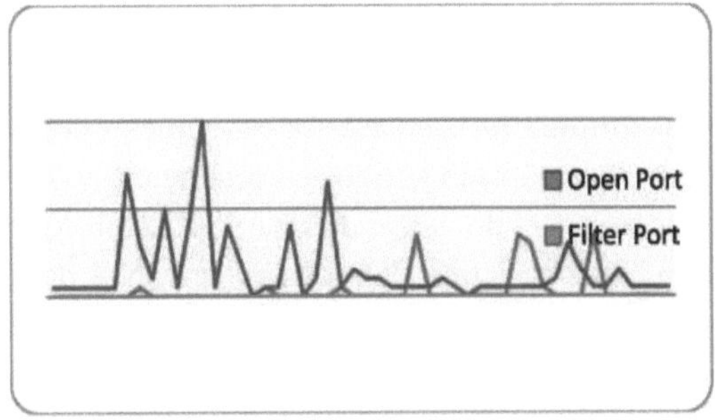

Figura 24: Pormenores gráficos da distribuição dos portos no ano I

A figura 25 mostra a distribuição de portas de 30 sítios Web diferentes, nos quais foram encontradas diferentes portas abertas, o que pode ser perigoso num futuro próximo para o ponto de vista do atacante, uma vez que algumas portas são uma boa opção para um ataque informático se forem encontradas abertas

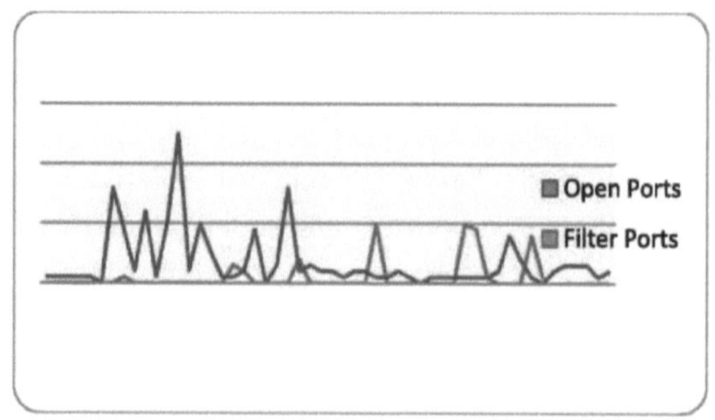

Figura 25: Pormenores gráficos da distribuição dos portos no ano II

No ano II, em que experimentámos mais de 68 sítios Web, a imagem não é muito diferente da anterior, para além de terem sido encontrados mais sítios geridos que não estavam na experiência do ano anterior

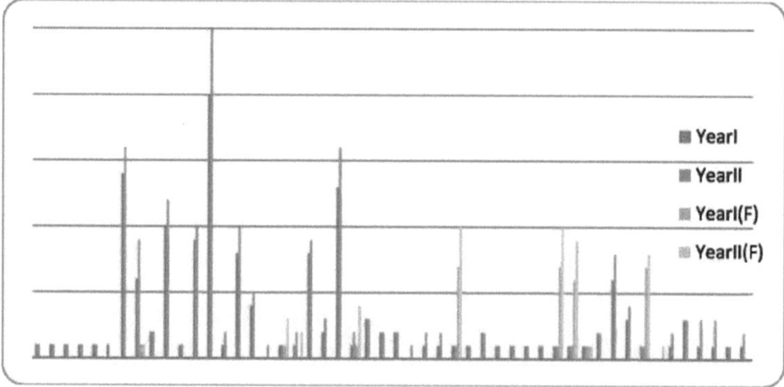

Figura 26: Comparação gráfica do Porto no Ano I e no Ano II

Comparámos os dados experimentais dos dois anos para descobrir o estado atual dos portos abertos da rede, a sua gestão e o estado das normas de segurança através de um gráfico. Comparámos os portos abertos dos anos I e II e os portos de filtragem dos anos I e II. Aqui, as linhas azul e vermelha mostram os portos abertos dos anos I e II, respetivamente. Isto mostra que há uma ligeira diminuição dos portos abertos, mas ainda há muitos domínios que não são geridos corretamente.

Nos registos do primeiro e do segundo ano, verificámos que o porto 80 se encontrava aberto no máximo de sítios Web observados. Nos dados do primeiro ano, em que foram observados 30 sítios Web, verificámos que o porto 80 estava aberto em 20 sítios Web. Em segundo lugar, o porto 21 foi encontrado aberto em 14 sítios Web, seguindo-se o porto 443 e o porto 25, respetivamente.

Os dados do segundo ano, em que foram observados 68 sítios Web, revelaram que o porto 80 estava aberto em 25 sítios Web. Em segundo lugar, o porto 21 e o porto 443 foram encontrados abertos em 16 sítios Web, seguindo-se o porto 25, o porto 53 e o porto 110, respetivamente.

Comparação entre o Ano I, o Ano II e o Ano II Dados experimentais

Na figura 27, representamos a comparação gráfica dos portos abertos nos sítios Web acedidos nos três anos. Nesta comparação, verificámos que alguns dos sítios Web que não tinham sido respondidos anteriormente, desta vez não foram encontrados portos abertos.

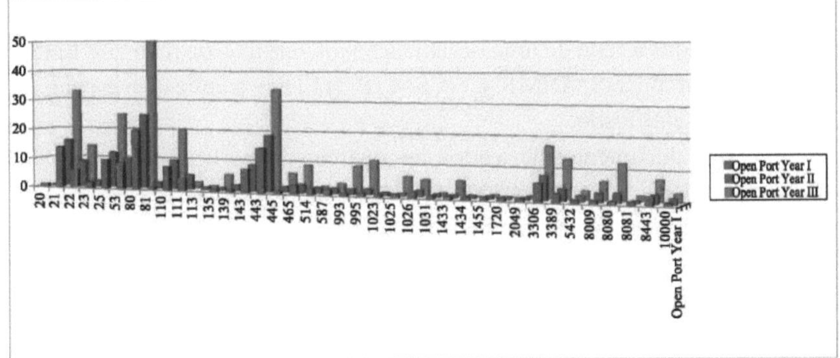

Figura 27: Dados experimentais do porto aberto dos anos (I- III)

Nalguns casos, verificámos que os sítios Web melhoraram as suas definições e não mostraram os seus pormenores tal como tinham fornecido anteriormente. O porto 80 encontra-se aberto no maior número de sítios Web e, a seguir, os portos 443 (ssl/http) e 21 (FTP) encontram-se abertos, respetivamente. Com base no número de portas abertas, podem ser implementadas medidas de segurança preventivas, que podem ajudar a organização, mas não é fácil comentar as definições de segurança, que foram descritas por várias organizações de acordo com a política da organização.

CAPÍTULO 5

CONCLUSÃO

As medidas de segurança são utilizadas para garantir a proteção das informações e dos sistemas de informação contra o acesso, a utilização, a fuga, a perturbação, a modificação ou a destruição ilegais. Para evitar riscos de segurança no mundo real, temos de utilizar ferramentas de controlo no nosso sistema. A análise da rede envolve muitas ferramentas, incluindo um scanner de portas para identificar todos os anfitriões potencialmente ligados à rede de uma organização, os serviços de rede que funcionam nesses anfitriões, como DNS, SNMP, FTP, SMTP, HTTP, e a aplicação específica que executa o serviço identificado.

Existem vários documentos baseados no rastreio de portos, mas, tanto quanto sabemos, nenhum deles tinha o conjunto de dados que pertence à região indiana. Na análise acima, vimos que um atacante pode facilmente utilizar indevidamente os nossos dados e recursos se não estivermos a gerir corretamente as nossas políticas de segurança, o que por vezes custa muito em termos de dinheiro, informação e, acima de tudo, a reputação de uma organização.

Nesta tese, foi proposto um algoritmo para a segurança de servidores Web, que utiliza os resultados de análises experimentais para atuar num ambiente específico. A maioria dos exames foi efectuada sobre TCP, com TCP SYNs a dominar o tráfego. Este trabalho analisou o efeito da alteração do ambiente especificado e o seu impacto no relatório de segurança gerado. Com base em várias classificações de grupos de segurança (1-4) durante as experiências, descobrimos a diferença nos resultados de vários campos, por exemplo, tempo de resposta, resposta do padrão de rastreio, detalhes dos serviços, etc.

Este trabalho descreve um algoritmo para a segurança do servidor Web. Número de portas encontradas abertas durante a análise de portas em que o nosso algoritmo funciona. Os dados do primeiro ano mostram que a porta 80 (http) foi encontrada aberta no número máximo de sítios Web e, em seguida, as portas 443 (ssl/http), 21 (FTP) e SMTP foram encontradas abertas, respetivamente. Os dados relativos ao rastreio de portas do segundo e do terceiro ano seguem o mesmo padrão, como se pode ver na figura 27. As medidas preventivas de segurança podem ser implementadas como uma política de segurança do servidor Web de uma organização e, com base no número de portas abertas, podem ser implementadas medidas preventivas de segurança, que podem ajudar a organização.

Depois de experimentar vários padrões, chegámos à conclusão de que não podemos avaliar a segurança de um sítio Web com base em apenas uma ou duas caraterísticas; a combinação do conjunto correto de caraterísticas é muito importante para chegar à conclusão correta. Se tivermos uma identificação mais exacta do tráfego de exploração de portos, é possível obter resultados mais e mais exactos, que podem ser úteis para a organização tomar as medidas necessárias do ponto de vista da segurança.

BIBLIOGRAFIA

LIVROS

- Foster James, Writing Security Tools and Exploits, Elsevier, 2006
- GarfinkelSimson , Spafford Gene, Web Security, Privacy & Commerce: Security for Users, Administrators and ISPs, O'Reilly Media, Inc., 2001
- Kennedy David, O'gorman Jim , Kearns Devon , Aharoni Mati, Metasploit: The Penetration Tester's Guide, No Starch Press, 2011
- Lyon Gordon, Nmap Network Scanning, Insecure.Com, LLC, 2008
- McNab Chris, Avaliação da segurança da rede, 2ª edição, O'Reilly Media, 2009
- Newman D., Snyder J., Thayer R., Crying wolf: False alarms hide attacks, em Network World, Network World, 2002
- Shema Mike, Hacknotes Web Security Portable Reference, McGraw Hill Professional, 2003
- Singh Brijendra, Network Security and Management, Prentice-Hall of India, Nova Deli, 2006
- Splaine Steven, Testing Web Security: Assessing the Security of Web Sites and Applications, John Wiley & Sons, 2002
- Stuttard Dafydd, Pinto Marcus, The Web Application Hacker's Handbook: Discovering and Exploiting Security Flaws, John Wiley & Sons, 2011

ARTIGOS E COMUNICAÇÕES EM CONFERÊNCIAS:

- Adeva Juan Jose Garey a, Atxa Juan Manuel Pikatza, Intrusion detection in web applications using text mining, Elsevier Engineering Applications of Artificial Intelligence. 20, 2007.
- Agarwal Pooja, Overview on the Network Security, Actas da Conferência Nacional sobre Tendências de Investigação e Desenvolvimento em TIC, Departamento de Informática, Universidade de Lucknow, 12-13 de fevereiro de 2010, pp. 66-73.
- Agarwal Pooja,Anomaly Intrusion detection and Prevention System Framework, Journal of Science, Engineering & Management, SITM-SEMJ Vol-2, Dec. 2008.
- Agarwal Pooja, Anomaly Intrusion detection and prevention System in high speed network, Conferência Nacional sobre Gestão da Segurança das Redes no Departamento de Informática, Universidade de Lucknow, 05-06 de outubro de 2007.

- Anderson P. James, Computer security threat monitoring and surveillance. Relatório técnico, James P. Anderson Co., Box 42, Fort Washington, PA, 19034, EUA, 26 de fevereiro, revisto em 15 de abril de 1980.
- Anderson J.P., Computer security threat monitoring and surveillance, James P Anderson Co., Fort, Washington, PA, EUA, Relatório Técnico 98-17, abril de 1980.
- Axelsson S., Research in intrusion-detection systems: a survey, Department of Computer Engineering, Chalmers University of Technology, Goteborg, Sweden, Technical Report 98-17, December 1998
- CERT US, Equipa de resposta a emergências informáticas, Vol. 2, número 4, 3 de dezembro de 2007.
- CERT US, Equipa de resposta a emergências informáticas, dezembro de 2009.
- Equipa de Preparação para Emergências Informáticas dos EUA, Avaliação do Impacto na Privacidade da Rede do Laboratório de Malware, Divisão Nacional de Cibersegurança, 4 de maio de 2010. (https://www.dhs.gov/sites/default/files/publications/privacy_pia_m ln_may_2010 .pdf)
- Conti Gregory, Abdullah Kulsoom, Passive Visual Fingerprinting of Network Attack Tools.
- Denmac Richards Kevin, Network Based Intrusion Detection: A Review of Technologies, Kevin Richards Denmac Systems Inc., 650 Academy Drive, Northbrook, IL 60062, USA. Computadores e Segurança, 1999
- Denning D.E., An intrusion-detection model, IEEE Transactions in Software Engineering 13, 1987, pp. 222-232.
- Dingledine Roger, Mathewson Nick, Anonymity Loves Company: Usability and the Network Effect. (http ://weis2006.econinfosec .org/ docs/41 .pdf)
- El-Hajj Wassim, Aloul Fadi, Trabels Zouheir; On Detecting Port Scanning using Fuzzy Based Intrusion Detection System, Faculdade de Tecnologia da Informação, Universidade dos EAU, Emirados Árabes Unidos, (http ://www.aloul.net/Papers/ faloul_iwcmc08 .pdf)
- Godiyal Apeksha, Garland Michael, Hart C. John, Enhancing Network Traffic Visualization by Graph Pattern Analysis, In Viz SEC, 2007.
- Green John, Marchette David, Analysis Techniques for Detecting Coordinated Attacks and Probes, Proceedings of the Workshop on Intrusion Detection and Network Monitoring Santa Clara, California, USA, April 9-12,1999.
- Grossman Jeremiah, WhiteHat Website; Security Statistics Report (A WhiteHat Security Whitepaper), 3003 Bunker Hill Lane, Suite 220, Santa Clara, CA 95054, www.whitehatsec.com, outubro de 2007. (https://pdfs. semanticscholar. org/0cdl/50b942378b5905ca2f07ef0b 3e899500f659.pdf)

- Hwang Kai, Chen Ying, Hybrid Intrusion Detection with Weighted Signature Generation over Anomalous Internet Episodes, IEEE Transactions on Dependable and Secure Computing, Vol. 4, n.º 1, janeiro-março de 2007.
- Jackson Collin, Barth Adam, Bortz Andrew, Shao Weidong, Boneh Dan, Protecting Browsers from DNS Rebinding Attacks, CCS'07, Alexandria, Virgínia, EUA, ACM 978-1-59593-703-2/07/ October 29-November 2, 2007. 978-1-59593-703-2/07/ 29 de outubro a 2 de novembro de 2007.
- Janies Je, Existence Plots: A Low-Resolution Time Series for Port Behaviour Analysis, CERT Network Situational Awareness Group, 4500 Fifth Avenue Pittsburgh, PA.
- Juan M. Estevez-Tapiador Carlos, Practical Intrusion Prevention, IEEE Computer Society, 1541-4922, vol. 7, no. 6, 2006
- Kaur Amanjot, Ant Colony Optimization to Detect Network Risks, International Journal of Scientific & Engineering Research, ISSN 2229-5518, Vol. 4, no.7, 481, julho-2013. (https://www.ijser.org/paper/Ant-Colony-Optimization-to-Detect- Network-Risks.html)
- Keeney M., Kowalski E., Cappelli D., Moore A., Shimeall T., Rogers S., Insider threat study: computer system sabotage in critical infrastructure sectors, U.S.S. Service e C.M.U. Software Engineering Institute, Software Engineering Institute, Carnegie Mellon University, 2005, pp. 1-45.
- Kumar Vipin, Parallel and Distributed Computing for Cyber security, IEEE Computer Society, Vol. 6, no. 10, Out. 2005.
- Lakkaraju, K., Yurcik W., Nvisionip Lee A., Net flow visualizations of system state for security situational awareness, In VizSEC, 2004, pp. 65-72.
- Lee Bailey Cynthia, Roedel Chris, Silenok Elena, Detection and Characterization of Port Scan Attacks, Department of Computer Science & Engineering University of California, San Diego.
- Liu Martin C., Hetherington T., Matzner S., A comparison of system call feature representations for insider threat detection, 6th Annual IEEE Systems, Man and Cybernetics (SMC) Information Assurance Workshop, West Point, NY, 2005, pp. 340-347.
- Madnick Stuart, Li Xitong, Choucri Nazli, Experiences and Challenges with using CERT Data to Analyze International Cyber Security, Documento de Trabalho CISL, 2009-13. (https://pdfs.semanticscholar.org/d4a5/ c681807b6f38 b2dbcd4 cea58 94cl2011cc81.pdf)
- Malan Robert G., Watson David, Jahanian Farnam, Howell Paul, Transport and Application Protocol Scrubbing, Departamento de Ciências da Computação, Universidade da Carolina do Norte em Chapel Hill (http://cs.imc.edu/

~fabian/course_papers/ transport-scrubber.pdf)

- Orebaugh Angela, Pinkard Becky, NMAP in the enterprise your guide to network scanning, Syngress Publishing, Inc. Elsevier, Inc. 30 Corporate Drive Burlington, MA, 2006,
- Park S.J., Giordano J.,Role-based profile analysis for scalable and accurate insider-anomaly detection, Actas da 25.ª Conferência Internacional de Desempenho, Computação e Comunicações do IEEE, Phoenix, AZ, 2006, pp. 463-470.
- PescatoreJoun, Mais atividade na porta 445 pode significar problemas de segurança, Número de ID: G00129313 © 2005 Gartner, Inc. 2005.
- Sarasam T. Suseela, Zhu A. Qiuming, Huff Julie, Hierarchical Kohonenen Net for Anomaly Detection in Network Security, IEEE Transactions on Systems, Man, and Cybernetics-Part B: Cybernetics, Vol. 35, no. 2, abril de 2005.
- Schepers Filip, Network-versus host-based intrusion detection; Internet Security Systems (ISS) Information Security Technical Report, Vol. 3, No. 4,1988, pp. 32-42.
- Singh Brijendra, Agarwal Pooja, Algorithm for Web Server Security, Actas da Conferência Nacional sobre Tendências de Investigação e Desenvolvimento em TIC, Departamento de Informática, Universidade de Lucknow, Lucknow, 12-13 de fevereiro de 2010, pp. 23-29.
- Singh Brijendra, Agarwal Pooja, Algorithm for Web Server Security, IETE Journal of Research, Vol. 57, 2011 - Issue 5, Sep 2014, pp. 413-422.
- Sridharan Avinash, Ye Tao, Implementing Real Time Port Scan Detection for the IP Backbone, University of Southern California, Dept, of Electrical Engineering.
- Watson David, Smart Matthew, Malan Robert G., Jahanian Farnam, Protocol Scrubbing: Network Security Through Transparent Flow Modification, IEEE/ACM Transactions on Networking, Vol. 12, no. 2, abril de 2004.
- Weber C. Carl, Assessing Security Risk In Legacy Systems US- CERT, 14 de dezembro de 2006, Última revisão: 14 de maio de 2013. (https://www.us-cert.gov/bsi/articles/best-practices/legacy-   systems/assessing-security-risk-in-legacy-systems)
- Y. Feruza Sattarova, Kim Tao-hoon, IT Security Review: Privacy, Protection, Access Control, Assurance and System Security, International Journal of Multimedia and Ubiquitous Engineering, Vol. 2, No. 2, 2007. (http://www.sersc. Org/ joumals/IJMUE/vol2_no2_2007/2.pdf)

SÍTIOS WEB
- 2005 CSI/FBI Computer Crime and Security Survey, http://www.cpppe.

umd.edu/ Bookstore/Documents/2005CSISurvey. Pdf

- 2008 CSI Computer Crime & Security Survey, http://i.zdnet.com/ blogs/ csisurvey2008.pdf

- Segurança informática, http://www.bullguard.com/bullguard-security- center/ pc-security/ computer-security-resources/firewall- protection.aspx

- Boletim Mensal de Segurança do CERT-In de dezembro de 2009, http://www.cert-in.org.in/Downloader?pageid=22&type=2&fileName=annualreport 09.pdf

- Tipos comuns de ataques de rede, https://technet.microsoft.com/en-us/library/cc959354.aspx

- Equipa de resposta a emergências informáticas, incidente CERT 2007-2009, http://www.cert.org.

- Segurança informática, https://en.wikipedia.org/wiki/Computer_security

- Cibersegurança, https://www.cybersecurity.cz/basic_en.html

- Deteção de um ataque de varrimento de porta furtiva inativa no sistema de deteção de intrusões de rede utilizando o Snort, https://www.slideshare.net/skpatel91/detection-of-idle-stealth-port- scan-attack-in-network-intrusion-detection-system-using-snort

- Pesquisa de DNS, http://www.ipaddressguide.com/dnslookup

- Exemplos de um ataque passivo, https://simplicable.com/new/passive- attack

- Segurança na Internet, http://www.saverpoint.com/onlinesecurity-17- w.asp

- Lista de publicações importantes em criptografia, https ://en. wikipedia.org/wiki/ List_of_important_publications_in_cr yptography

- Ataques à rede, https://www.vskills.in/certification/tutorial/wimax-4g-2/ network - attacks/

- Ataques à rede, http://jameelnabbo.com/network-attacks/

- Tutoriais de Exemplos de Comandos do Nmap, https://www.cyberciti.biz/ networking/ nmap-command- examples- tutorials/

- Descrições de Portas do Nmap, https://www.professormesser.com/nmap/ deciphering-nmaps- port- descriptions/

- Ferramenta de controlo da porta NMAP, https://nmap.org/

- Tutorial do Nmap, https://tools.kali.org/information-gathering/nmap

- Tutorial do Nmap - Port Scanning de hosts remotos, http://www.binarytides.com/port-scanning-and-network-discovery- with-nmap/

- Port Scanning, https://www.auditmypc.com/port-scanning.asp

- Redhat System Admin, http://www.redhatlinuxsysadmin.com/redhat-linux-system- admin/module 1 /intro-redhat-linux-system-administration.php

- Digitalização e sondagem, http://itsecurity.telelink.com/scanning-and- probing/

- Sci techconnect Elsevier, http://scitechconnect.elsevier.com/wp-content/uploads/2013/09/Vulnerability-Assessment.pdf
- Proteger o seu servidor de bases de dados, https://msdn.microsoft.com/enus/library/ ff648664.aspx
- Security Fundamentals for Web Services, https://msdn.microsoft.com/enus/library/ff648318.aspx
- Ameaças à segurança, https://www.slideshare.net/hcc79/security-threats-31447733
- Security Threats, http:// falkensecurenetworks.com/securityThreats4.html
- Ferramenta para verificar portos, http://my-addr.com/check-open-ports/check-listening-ofports/check_ports_tool.php
- US CERT, https://www.us-cert.gov/forms/report
- Web Application Security Fundamentals, https://msdn.microsoft.com/ enus/library/ff648636.aspx
- Segurança do servidor Web, https://msdn.microsoft.com/en-us/library/ms885809.aspx
- Segurança do Servidor Web e Segurança do Servidor de Base de Dados, https ://www. acunetix. com/websitesecurity/webserver-security/

APÊNDICE

Sample 1:

Describe: This sample shows the scanning of a website in which host respond and given the protocols & services details e.g. smtp, dns, http server, rpc information.

```
Starting Nmap 5.21 ( http://nmap.org ) at 2010-02-26 16:20 India Standard Time
Nmap scan report for www█████████ (216█████████
Host is up (0.32s latency).
rDNS record for 216.55.97.83: cdit.org
Not shown: 978 closed ports
PORT    STATE   SERVICE    VERSION
21/tcp  open    ftp        ProFTPD 1.3.0a
22/tcp  open    sshOpenSSH 3.7.1p2 (protocol 1.99)
|_sshv1: Server supports SSHv1
| ssh-hostkey: 1024 19:cf:1e:8d:2e:b1:0b:6a:bf:87:75:77:f2:38:c9:96 (RSA1)
|_1024 07:95:42:d4:61:90:e2:95:88:92:a8:41:7c:a9:48:c4 (DSA)
23/tcp  open    telnet     BSD-derived telnetd
25/tcp  open    smtpSendmail 8.13.4/8.13.4
| smtp-commands: EHLO██████ Hello ABTS-North-Dynamic-055.████████████
███████████████████.55] (may be forged), pleased to meet you,
ENHANCEDSTATUS
CODES, PIPELINING, 8BITMIME, SIZE, DSN, ETRN, AUTH LOGIN, DELIVERBY,
HELP
|_HELP 2.0.0 This is sendmail version 8.13.4 2.0.0 Topics: 2.0.0 HELO EHLO MAIL
RCPT DATA 2.0.0 RSET NOOP QUIT HELP VRFY 2.0.0 EXPN VERB ETRN DSN
AUTH 2.0.0 STA
RTTLS 2.0.0 For more info use "HELP <topic>". 2.0.0 To report bugs in the implem
entation send email to 2.0.0 sendmail-bugs@sendmail.org. 2.0.0 For local informa
tion send email to Postmaster at your site. 2.0.0 End of HELP info
53/tcp  open    domain     ISC BIND 8.3.4-REL
| dns-zone-transfer:
|       ███org    SOA  ns3.████████████
|       ███org    NS   ns3.█
|       ███org    NS   ns4.█
|       ███org    NS   ns2.█
|       ███org    A    216.█
|       ███org    MX   pop.█
|       ███org    MX   pop.█
| ftp.████       A    216.█
| smtp.█         A    216.█
| pop.█          A    216.█
| www.█          A    216█
| ████org        SOA  ns3.█
80/tcp  open    http       Apache httpd 1.3.41 ((Unix) PHP/4.4.4 mod_ssl/2.8
```

.31 OpenSSL/0.9.8g)
|_html-title: official web site of CESS
110/tcp open   pop3   Qpopper pop3d 4.0.5
111/tcp openrpcbind   2 (rpc #100000)
| rpcinfo:
| 100000 2   111/udprpcbind
| 100024 1   1011/udp status
| 100005 1,3   1023/udpmountd
| 100003 2,3   2049/udpnfs
| 100000 2   111/tcprpcbind
| 100024 1   1022/tcp status
| 100005 1,3   1023/tcpmountd
|_100003 2,3   2049/tcpnfs
443/tcp openssl/http   Apache httpd 1.3.41 ((Unix) PHP/4.4.4 mod_ssl/2.8
.31 OpenSSL/0.9.8g)
|_sslv2: server still supports SSLv2
|_html-title: official web site of CESS
514/tcp open   shell?
587/tcp opensmtpSendmail 8.13.4/8.13.4
| smtp-commands: EHLO cdit.org Hello ABTS-North ███████████████████████
███████████████████55] (may be forged), pleased to meet you

Sample 2:

Describe: This sample shows the scanning of a website in which host is not responding.

Starting Nmap 5.21 (http://nmap.org) at 2010-02-26 14:01 India Standard Time
Failed to resolve given hostname/IP: ███████████████. Note that you can't use
'/mask' AND '1-4,7,100-' style IP ranges
Nmap done: 0 IP addresses (0 hosts up) scanned in 3.30 seconds

Sample 3:

Describe: This sample shows the TCP Fingerprint for different Services.
SF-Port5432-TCP:V=5.21%I=7%D=2/22%Time=4B82B555%P=i686-pc-windows-windows%
SF:r(NULL,3E,"Ecould\x20not\x20fork\x20new\x20process\x20for\x20connection
SF::\x20Not\x20enough\x20space\n\0")%r(GenericLines,3E,"Ecould\x20not\x20f
SF:ork\x20new\x20process\x20for\x20connection:\x20Not\x20enough\x20space\n
SF:x20enough\x20space\n\0")%r(RPCCheck,3E,"Ecould\x20not\x20fork\x20new\x2
SF:0process\x20for\x20connection:\x20Not\x20enough\x20space\n\0")%r(DNSVer
SF:sionBindReq,3E,"Ecould\x20not\x20fork\x20new\x20process\x20for\x20conne
SF:ction:\x20Not\x20enough\x20space\n\0")%r(DNSStatusRequest,3E,"Ecould\x2
SF:0not\x20fork\x20new\x20process\x20for\x20connection:\x20Not\x20enough\x
SF:ess\x20for\x20connection:\x20Not\x20enough\x20space\n\0")%r(FourOhFourR

SF-Port21-TCP:V=5.21%I=7%D=2/26%Time=4B87D868%P=i686-pc-windows-windows%r(
SF:NULL,1F0,"220-******************************\
SF:*************************************
SF:*******\r\n\x20\x20\x20\x20\x20\x20\x20\x20\x20\x20\x20\x20\x20\
SF:x20\x20Welcome\x20to\x20Net4\x20Secure\x20FTP\x20Server\r\n\x20\x20\x20
SF:\x20\r\n\x20\x20\x20\x20To\x20Upload\x20Your\x20Website\x20Choose\x20SS
SF:L\x20Option\r\n\x20\x20\x20\x20\(FTP\x20over\x20explicit\x20TLS/SSL\)\x
SF:*************************************
SF:*****************************\r\n")%r(Generi
SF:cLines,1F0,"220-***************************\
SF-Port37-TCP:V=5.21%I=7%D=2/27%Time=4B8832F3%P=i686-pc-windows-windows%r(
SF:NULL,4,"\xcf2\xb1q")%r(GenericLines,4,"\xcf2\xb1q")%r(GetRequest,4,"\xc
SF:f2\xb1q")%r(HTTPOptions,4,"\xcf2\xb1q")%r(RTSPRequest,4,"\xcf2\xb1q")%r
SF:(RPCCheck,4,"\xcf2\xb1q")%r(DNSVersionBindReq,4,"\xcf2\xb1q")%r(DNSStat
SF:usRequest,4,"\xcf2\xb1q")%r(Help,4,"\xcf2\xb1r")%r(SSLSessionReq,4,"\xc
SF:f2\xb1r")%r(SMBProgNeg,4,"\xcf2\xb1r")%r(X11Probe,4,"\xcf2\xb1r")%r(Fou
SF:rOhFourRequest,4,"\xcf2\xb1r")%r(LPDString,4,"\xcf2\xb1r")%r(LDAPBindRe
SF:q,4,"\xcf2\xb1r")%r(SIPOptions,4,"\xcf2\xb1r")%r(LANDesk-RC,4,"\xcf2\xb
SF:1r")%r(TerminalServer,4,"\xcf2\xb1r")%r(NCP,4,"\xcf2\xb1s")%r(NotesRPC,
SF:4,"\xcf2\xb1s")%r(WMSRequest,4,"\xcf2\xb1s")%r(oracle-tns,4,"\xcf2\xb1s
SF:");

Sample 4:

Describe: This sample shows the Trace route details.
TRACEROUTE (using port 199/tcp)
HOP RTT   ADDRESS
1 15.00 ms 192.168.1.1
2 62.00 ms   171)
3 47.00 ms
4 47.00 ms ABTS-
5 47.00 ms 20
6 47.00 ms 12
7 47.00 ms 12
8 62.00 ms 125

Printed by Books on Demand GmbH, Norderstedt / Germany